18583

VOLUPTÉ D'EPICURE.
Voyez la fin de l'Art. 5. I.re Partie Page 116.

LA MORALE
D'EPICURE,
TIRÉE
DE SES PROPRES ÉCRITS.

Par M. l'Abbé BATTEUX, Professeur de Philosophie Grecque & Latine au College Royal de France, de l'Académie Royale des Inscriptions & Belles-Lettres.

R. 2800
A.

A PARIS,

Chez DESAINT & SAILLANT,
rue S. Jean de Beauvais.

―――――――

M. DCC. LVIII.
Avec Approbation & Privilége.

Verum enim invenire volumus, non
tanquam adversarium, aliquem con-
vincere. *Cic. 2. de Fin. 5.*

AVANT-PROPOS.

CET Ouvrage, qui, dans la premiere idée, ne devoit être qu'une Lettre d'un quart-d'heure de lecture, doit sa naissance à un entretien philosophique, où il fut question de savoir s'il est vrai, comme quelqu'un l'a dit, *que jamais Philosophie ne fut moins entendue ni plus calomniée, que celle d'Epicure.*

Je m'engageai, peut-être trop facilement, à mettre par écrit ce qui s'étoit dit de vive voix; parce que je crus, qu'ayant étudié soigneusement la matiere dans les sources, il ne s'agiroit que de prendre la plume, & de placer de suite les matériaux qui fembloient tous taillez. L'expérience, je l'avoue, m'a appris que rarement on fait bien ce qu'on ne fait que pour foi.

Si cela eft vrai dans plufieurs genres; cela eft plus vrai encore dans le genre philofophique, où quand on veut emporter une feule piece, il faut quelquefois foulever toute la maffe. Or la maffe, en Philofophie, n'eft pas un fardeau leger; puifqu'outre les penfées folides des philofophes, elle comprend toutes les fpéculations vaines & les idées creufes de l'efprit humain, abandonné à lui-même, & ne fuivant d'autre regle que fa force, ou fa foibleffe.

Il eft bien vrai que la philofo-

AVANT-PROPOS.

phie d'Epicure, formant en soi un tout assez arrondi, & dont la volupté, ou le bien être de l'homme en cette vie, est le centre unique, il n'est pas difficile d'en embrasser les parties. Cependant il y a des faces extérieures, dont les rapports s'étendent au loin, & qu'on ne peut bien voir qu'en se plaçant dans les autres Écoles.

Ce sont ces points de vûë, qui auroient fait de mon projet une grande entreprise, si, en le remaniant, je ne me fusse apperçû qu'il étoit un moyen de le simplifier dans l'exécution, & de le réduire à-peu-près aux termes de mon engagement : c'est de présenter au lecteur les titres mêmes de la philosophie d'Epicure, seulement avec ce qu'il faut de notions pour en fixer le sens, & de laisser à chacun le soin d'en juger par lui-même, & d'en suivre les conséquences.

Les matieres philosophiques n'appartiennent qu'aux philosophes, c'est-à-dire, qu'à ceux qui savent penser en lisant. Or c'est assez pour ce genre de lecteurs qu'un écrit fasse germer les idées. Ils s'irritent contre un discoureur qui continue de verser toujours, sans s'embarasser de la forme ni de la capacité du vase.

En suivant cette méthode, on laisse au lecteur le plaisir délicat de se donner à lui-même l'instruction qu'il désire, de converser avec les auteurs, de voir les ta-

AVANT-PROPOS.

bleaux en original, & de comparer les tems. Et celui qui écrit, n'ayant d'autre fonction que celle de témoin, n'a besoin d'autre talent, que de savoir dire simplement ce qu'il a vû.

Si cette maniere de traiter l'érudition philosophique, est convenable dans tous les cas, elle l'est spécialement dans celui où nous sommes, parce que les préjugez où le cœur a part, ne tombent que devant la verité.

On a persécuté pendant plusieurs siécles la mémoire & la philosophie d'Epicure avec un zele qui tenoit de l'emportement : le nom seul de ce philosophe étoit presque un blasphême, ou une infamie.

Depuis cent ans ou environ,

on affecte non-seulement de la justifier, mais de faire des éloges pompeux & presque exclusifs, de sa profonde sagesse, de sa vertu austere, de sa Morale, puisée, dit-on, dans les vraies sources de la nature.

Si ces honneurs rendus à la personne ne se réflechissoient pas naturellement sur une doctrine contraire aux principes essentiels de la société & de la religion; il n'y auroit gueres que l'envie qui pourroit s'opposer à la réhabilitation de la mémoire d'un homme mort il y a plus de deux mille ans.

Mais comme ces honneurs peuvent faire sur quelques esprits peu en garde, des impressions très-dangereuses, & les conduire à des égaremens funestes, j'ai cru qu'il me seroit permis de faire une révision légére des piéces de ce procès, & de confronter l'original, tel qu'il est, avec les portraits qu'on en a faits. C'est mon objet unique. Je prie le lecteur équitable de s'en souvenir, & de ne me juger que d'après ce plan, que j'ai cru devoir suivre préférablement à tout autre, dans un sujet tant de fois traité, sous une infinité de faces, & qui ne l'a jamais été en françois, sous celle-ci, la plus simple & la plus décisive de toutes.

J'aurai pour guide principal dans mon travail le sage Gassendi, qu'on ne soupçonnera pas de m'avoir donné des impressions contraires à la droiture & à l'équité. Ce grand homme, aussi admirable par sa candeur & ses vertus, que par son érudition & ses connoissances philosophiques, s'est toujours fait un devoir de rendre aux Anciens la gloire qui leur étoit dûe : quelquefois même il leur en a cedé de la sienne. Pour moi, je ne ferai que me conformer à l'exacte verité, si je dis que tout ce petit Ouvrage lui appartient de droit, & que sans ses travaux sur le texte d'Epicure, ses découvertes, & les secours de toute espece qu'il a fournis, cette entreprise, quelle qu'elle soit, n'eût pas été d'une facile exécution.

On a quelquefois fait figurer son nom parmi ceux des Epicu-

AVANT-PROPOS.

siens, parce qu'il a fait revivre une partie de la philosophie d'Epicure. Il ne faut pas qu'on s'y trompe. Il a admis les atômes; mais c'est Dieu qui les a créez, qui les meut, qui en forme les corps organisez; mais outre les atômes, il admet une Cause intelligente universelle, & des esprits créez pour animer les êtres raisonnables, & survivre aux corps qu'ils animent. Il met le bonheur dans la volupté; mais cette volupté n'est qu'une joie pure, préparée, comme récompense, à l'observation des loix naturelles, ou autres, qu'il a plû à la Divinité d'imposer aux hommes : joie dont on a l'avant-goût dans cette vie, & dont la pleine jouissance

AVANT-PROPOS.

nous eſt réſervée après la mort. Avec ces correctifs & ces modifications, il eſt évident qu'il ne reſte plus rien de la morale d'Epicure, ni de l'Epicureïſme ; & que, ſi Gaſſendi peut être peint à côté d'Epicure, on ne doit point employer les mêmes couleurs pour l'un & pour l'autre ; & moins encore, ſuppoſé qu'on le reſpecte, comme il le ſemble, placer le portrait d'un homme de ce mérite & de ce caractere, entre ceux de Léontium & de Ninon Lenclos (a).

────────

(a) Léontium étoit une femme célébre dans l'École d'Epicure, où elle vêcut principalement avec Metrodore.

LA MORALE D'EPICURE,
TIRÉE
DE SES ÉCRITS.

TOUT est dit pour & contre Epicure. Depuis deux mille ans, il a eu des amis & des ennemis, qui n'ont rien oublié, les uns pour l'attaquer, les autres pour le défendre.

Ses disciples ont prétendu justifier sa doctrine par sa frugalité & par sa conduite. Quel moyen, disoient-ils, d'avoir tant de mœurs avec des principes de corruption (*a*) ?

(*a*) Il est vrai qu'il n'en doit pas être des Philosophes comme des autres hommes

Ses ennemis au contraire ont dit que s'il n'avoit pas été vicieux, ce ne pouvoit être que par temperament (a) & par timidité; & qu'avec des principes comme les siens, si, par hazard, on avoit des mœurs, on ne pouvoit avoir des vertus.

Comme il ne s'agit point ici de la personne d'Epicure, mais seulement des principes qu'on lui reproche; nous nous bornons à exposer d'abord ces principes, en peu de mots, & à donner ensuite les pieces justificatives de notre exposition : ce qui divisera naturellement cet Ouvrage en deux parties; dont la Premiere contien-

qui ont souvent des principes austeres, & une conduite relâchée. Quand la conduite d'un philosophe n'est pas conforme aux loix, il faut qu'il ait eu le secret de se faire des loix conformes à sa conduite : ou il n'est pas philosophe.

(a) *δι ἀτονοτητα*. Il fut tourmenté des douleurs de la gravelle pendant toute sa vie.

tira les Dogmes d'Epicure expofez relativement à la Morale ; la Seconde, l'Expofition vérifiée par les paroles mêmes d'Epicure.

PREMIERE PARTIE,

Où on expose les principes de la Philosophie d'Epicure, relativement à la Morale.

Nous préfenterons d'abord un Tableau abregé de l'état des efprits dans la Grece, par rapport à la philofophie, lorfqu'Epicure fe montra fur la fcene. Enfuite nous fixerons l'Objet que ce Philofophe fe propofa dans le plan de toute fa philofophie. Enfin nous traiterons, en peu de mots, les points capitaux de fa doctrine, qui font la Nature des Dieux, celle de l'Ame, de la Volupté, & de la Vertu : c'eft le plan de la premiere Partie.

Quoique nous n'ayons d'autre objet qu'une expofition fimple & non une réfutation, parce que les dogmes dont il s'agit ont été réfutez mille fois & fans réplique ; nous ne pourrons néanmoins nous difpenfer, en confidération de quelques-uns de nos lecteurs, d'indiquer en paffant, les principales raifons qu'employoient les anciens Philofophes pour détruire ces dogmes. Le contrafte animera notre expofition, & aidera ceux qui pourroient avoir befoin de ce fecours, pour juger comme il convient.

ART. I.

ARTICLE I.

Siécle d'Epicure.

EPICURE né 342 ans avant Jésus-Christ (*a*), dans un bourg d'Athènes nommé Gargette, se livra de très-bonne heure (*b*) à l'étude de la Philosophie, piqué, dit-on, contre son maître de Grammaire, qui, lui faisant lire la Theogonie d'Hésiode, n'avoit pû lui expliquer ce que c'étoit que le cahos.

Il ouvrit son Ecole à trente-deux ans, d'abord à Mitylène, puis à Lampsaque, & cinq ans après à Athènes, dans un jardin qu'il avoit acheté quatre-vingts mines (*c*). Ce fut là qu'il passa

---

(*a*) Olymp. 109. 3.
(*b*) Selon Diogene Laerce, à l'âge de 14. ans, selon d'autres, à 12.
(*c*) Quatre-vingts

le reste de sa vie avec des amis qu'il s'étoit formez pour lui-même, selon les principes de sa Philosophie.

La sublimité de l'École de Platon où regnoient Xénocrate & Polémon; la science profonde de celle d'Aristote, où parloit le fameux Théophraste; l'éclat naissant de la vertu de Zenon, qui rassembloit tant d'auditeurs dans ces galeries célébres qu'avoit peint Polygnote, n'effrayerent point son courage. Il opposa hardiment ses dogmes à ceux de ses rivaux; persuadé que l'inscription même de l'Ecole (*a*) qui annonçoit la volupté, attireroit d'abord l'attention des hommes; & que l'agrément de ses jardins, joint à une

mines équivalent à 6400 livres sur le pied où est l'argent aujourd'hui, à 50 livres le marc.

(*a*) *Inscriptio hortulis : Hospes hic bene manebis : hic summum bonum Voluptas est.* Sen. Ep. 21.

D'Epicure.

idée de vertu, retiendroit chez lui une partie de ces auditeurs nombreux, qui remplissoient chaque jour l'Académie, le Lycée, & le Portique.

Il sembloit même avoir quelques avantages sur les autres Philosophes. Il paroissoit d'un caractere franc, ingenu, plus occupé du bien des autres que du sien propre. Il sembloit proposer ses idées sans art, & sans détour; se déclarant hautement contre les couleurs de l'Eloquence, & contre les finesses de la Dialectique; affectant d'attaquer en plein jour, sans casque, ni bouclier, avec une sorte de confiance qui en donnoit à ceux qui l'écoutoient (a).

(a) Cependant S. Clement d'Alexandrie assure que les Epicuriens avoient des dogmes secrets, aussi bien que les Pythagoriciens & Platon, & qu'ils ne permettoient pas à tout le monde de lire les livres où ils étoient renfermez. L. 5. Strom. Mais qu'a

Le divin Platon avoit été admiré lorsqu'il parloit des perfections de l'Etre suprême, de l'immortalité de l'ame, des charmes & des récompenses de la vertu. Mais ses écrits, qui présentent toujours le pour & le contre avec des traits également forts, & des couleurs également vives, donnoient trop d'exercice, & trop peu de nourriture, à la plûpart des lecteurs, dont l'esprit, après une certaine mesure de travail, aime à se reposer sur quelque verité. Ses successeurs Speusippe, Xénocrate, & Polémon, qui avoient été moins attachez que lui à la ma- voient-ils à cacher après avoir dit hautement que la Divinité ne se mêloit point des affaires des hommes; que l'ame mouroit avec le corps, que la volupté est le souverain bien, & que la justice n'est rien ? Peut-être y avoit-il quelques développemens trop cruds, qui n'auroient pû passer à la Police d'Athénes, malgré son extrême indulgence pour les Philosophes.

nière de Socrate, n'ayant rien inventé de nouveau, la grande idée qui étoit restée de leur maître, absorboit une partie de leur gloire; & l'habitude d'entendre depuis 60 ou 80 ans les mêmes choses, avoit émoussé le goût du peuple d'Athènes toujours avide de nouveauté.

Aristote, genie hardi, profond, lumineux quand il traitoit les sujets qu'il vouloit éclaircir, ou qui pouvoient l'être, avoit présenté les matieres qui concernent la Divinité, l'Ame, & les autres causes fondamentales du bonheur, avec un art qui n'appartenoit qu'à lui. Tout paroissoit précis, articulé, analysé ; mais ce n'étoit qu'un éclat extérieur jeté sur un fond obscur. Les idées étoient devenues si minces, dans la décomposition, qu'un œil ordinaire ne les appercevoit qu'avec peine. Il falloit bien souvent en croire le Philosophe sur sa parole. Ses leçons paticulieres pour les adeptes, avoient mis en défiance tous ses auditeurs, sans exception. Qui pouvoit se flatter d'être entiérement compris dans le privilége, & d'avoir vû intuitivement la pensée du maître ?

Le Portique, où s'étoit un peu apprivoisée la secte des Cyniques, rendue fameuse par la vertu énorme d'Anthistène, de Diogène, de Monime, de Cratès, & d'Hipparchia (a), retentissoit des plus belles leçons. C'étoit là qu'on alloit chercher le sublime de la sa-

---

(a) Hipparchia jeune Athenienne, de famille noble, se prit d'amour pour le philosophe Cratès, au point qu'elle déclara à ses parens qu'elle mourroit, si elle ne l'épousoit pas. Cratès étoit laid, bossu, n'ayant pour tout bien qu'une besace & un bâton. Il lui découvrit même sa bosse pour essayer de la guérir de sa maladie. Non, dit-elle, je n'en veux ni un plus beau, ni un plus riche.

gesse & du bonheur. Mais cette prétendue sagesse étoit si fort au-dessus des idées & de la portée du grand nombre; elle étoit accompagnée de tant de prétentions outrées, pour ne rien dire de plus, qu'elle effrayoit les uns & faisoit rire les autres. Ajoutez à cela le fatalisme, ce dogme si déconcertant pour l'amour propre, & l'idée bizarre d'un Dieu rond, confondu avec le feu, coupé en une infinité de parcelles, pour être distribué dans tous les êtres. Qui pouvoit digerer tant de paradoxes?

Falloit-il passer la mer & aller à Cyrène chercher l'esprit d'Aristippe? Ses successeurs se deshonoroient par leurs excès & leurs écarts philosophiques. Théodore, surnommé d'abord l'Athée, ensuite, par antiphrase, le Dieu, chassé de toutes les villes policées, n'avoit trouvé de refuge que dans la maxime qui dit, que le sage n'a point besoin d'amis. Bion son disciple, avoit détesté en mourant, la folle témérité de ses maîtres & la sienne. Hégésias, surnommé l'Orateur de la mort, πισοθανάτης, calculant la somme des biens & des maux de la vie, avoit poussé si loin ses principes, qu'au sortir de ses leçons on alloit mourir. Il fallut que le Roi d'Egypte lui imposât silence, pour conserver ses sujets (*a*).

De tous les impies, qui vivent & qui meurent sans espérance, c'étoit peut-être le seul qui eût raisonné conséquemment jusqu'au bout. Mais ces conséquences mêmes, quoique justes, avoient dégoûté de sa Philosophie bien des gens, trop amis de la vie pour la

---

(*a*) *A Rege Ptolemæo prohibitus est illa in scholis dicere, quod multi his auditis, mortem sibi consciscerent.* Cic. Tusc. 1. 34.

sacrifier à une opération d'arithmetique.

C'est là le moment où Epicure se montre à la Gréce, presque lasse de croire & d'espérer aux promesses des Philosophes.

Il avoit visité toutes les Ecoles, entendu tous les maîtres; & s'il ne connut pas toutes leurs pensées, c'est qu'il crut en avoir assez vû pour n'avoir pas besoin de connoître le reste.

Peu satisfait de tout ce qu'on avoit voulu lui apprendre, il songea à donner des idées nouvelles. Il fit un plan, qu'il présenta comme neuf, & qu'il prétendit avoir exécuté seul, & de ses propres fonds, sans aucun emprunt (*a*). Il étoit aisé de l'en croire sur sa parole :

___

(*a*) Cependant il est certain qu'il n'a rien à lui : il doit toute sa Physique à Démocrite, *in Physicis totus est alienus*, & toute sa Morale à Aristippe. *Voyez Cic. de Fin. 1. 6. & 8.*

C'étoit, dit Ciceron, un homme mal logé, qui se vantoit d'avoir bâti sa maison lui-même, sans le secours d'aucun architecte (a).

Il composa trois cens volumes, sans y faire entrer aucune citation ; parce qu'apparemment il ne croyoit pas que la Philosophie dût citer, ou que ses prédécesseurs méritassent de l'être. On l'a même accusé de ne s'être pas toujours renfermé dans les bornes de ce silence, qui valoit une critique ; & de les avoir crayonnez tous, à sa maniere, d'une façon qui marquoit son mépris pour eux (b).

Diogene Laërce rapporte quelques-unes des qualifications dont on prétend qu'il avoit décoré Nau-

(a) *Quod & non prædicanti tamen facile quidem crederem : sicut mali ædificii domino, glorianti se architectum non habuisse.* De Nat. Deor. 1. 26.

(b) Voyez Plut. dans son Livre contre les Epicuriens, pag. 1086.

siphane un de ses maîtres, Platon, Aristote, Protagore, Heraclite, Démocrite, à qui il devoit toute sa Physique, Antidore, &c. Nous les supprimons, par égard pour de si grands hommes & par respect pour la Philosophie (*a*).

Ces discours injurieux ont-ils été faussement attribuez à Epicure, & seulement pour multiplier le nombre de ses ennemis ? Diogene Laërce, qui l'assure, peut avoir raison. On peut croire que Timocrate, qui fut le plus grand détracteur d'Epicure, après avoir abandonné son Ecole, en parla mal, pour justifier sa désertion.

Mais d'un autre côté, Dioclès, qu'on cite comme son apologiste, n'est pas moins recusable que Timocrate, par la raison contraire : étant disciple d'Epicure, son commensal, & son ami de tous les

(*a*) Voyez Ciceron *de Nat. Deor.* 1. 33.

jours, c'étoit pour son honneur même qu'il justifioit son maître.

Nous n'avons rien à dire sur cette accusation, sinon que plusieurs de ces traits sont rendus au moins vraisemblables, par l'affectation d'Epicure à ne citer jamais aucun de ceux mêmes à qui il devoit le plus; par son obstination à nier qu'il eût rien appris de qui que ce fût; par les reproches que lui ont fait plusieurs Auteurs graves, qui, quelque prévenus qu'on les suppose, n'étoient pas capables d'adopter légérement des calomnies grossieres; enfin par la conduite de Colotes son disciple & son ami de cœur, Κολοταρίων, lequel dans l'ouvrage qu'il avoit fait pour prouver, *Qu'on ne peut être heureux en suivant les dogmes des autres Philosophes*, a laissé échapper des traits injurieux contre ce que la Philosophie a de plus respectablé, jusqu'à dire entre autres choses, qu'il falloit donner du foin à Socrate, au lieu de pain, puisqu'il faisoit profession de ne rien savoir. Il traitoit avec la même liberté Parménide, Platon, Démocrite, &c.

Métrodore, qui étoit un second Epicure, *alter Epicurus*, disoit qu'un homme libre ne pouvoit s'empêcher de rire, quand il pensoit à ces tristes Lycurgues, à ces Solons, & aux autres qui leur ressemblent (*a*). Enfin il n'y a pas jusqu'à Léontium, qui n'ait voulu lancer des traits contre Théophraste:

(*a*) Non, non, Métrodore, reprend Plutarque en colere, un homme libre ne rit point quand il pense à ces grands hommes; & celui qui rit n'est point un homme libre; mais un insolent qu'il faut châtier, non avec la verge, comme l'enfant libre, mais avec le fouet à gros nœuds, dont on punit les esclaves de Cybele. *Adv. Colot.* Torquatus ne parle gueres plus respectueusement de Platon dans Ciceron.

ce qui fit naître le proverbe, *de choi-sir l'arbre pour se pendre* (a). Cette conduite des disciples prouve au moins que les plus grands noms n'étoient pas fort respectez dans les jardins de leur maître. Il seroit aisé de prouver qu'ils ne devoient pas l'être, selon les maximes & les principes qu'on y avoit établis.

Tout ce que Diogene Laërce avance pour la défense d'Epicure, prouve que ce Philosophe étoit doux, complaisant dans sa propre société ; mais cela ne démontre nullement qu'il ait beaucoup respecté les Philosophes dont il renversoit la Philosophie, ou qui vouloient renverser la sienne.

Après des jugemens & des termes si peu menagez, Epicure n'étoit pas en droit d'attendre qu'on lui fit beaucoup de grace. On ne

---

(a) *Proverbium in- | arborem eligendi.* Plin. *de natum, suspendio | Nat. Præf. lib. 1.*

lui rendit pas même justice. La Philosophie s'oublia jusqu'au point de mettre en œuvre la calomnie, les suppositions d'écrits (*a*), les déclamations grossieres, moyens odieux qui ne firent que donner à Epicure une célébrité qu'il n'avoit pas encore par lui-même (*b*), & qu'il n'auroit peut-être jamais eue sans ses ennemis.

On peut voir ce qu'a écrit à ce sujet Gassendi, qui ayant épuré la doctrine de ce Philosophe dans quelques-uns de ses points, a aussi vengé sa personne, & rétabli une partie de sa mémoire. Pour nous, sans statuer rien de précis sur la personne d'Epicure, nous croyons

___

(*a*) On accusa Diotime Stoïcien, de lui avoir prêté 50 lettres amoureuses. *Voyez Laer.* 10. *Seg.* 3. *& Jonsius, lib.* 2. *cap.* 15. *a.* 4.

(*b*) *Nihil sibi ait no-cuisse, aut Metrodoro, inter bona tanta, quod ipsos illa nobilis Græcia non ignotos solum habuisset, sed penè inauditos.* Senec. Epist. 79.

que s'il y a eu de l'animosité & de l'injustice dans ses ennemis, il y a eu aussi de l'affectation & du zele outré dans ses défenseurs. Les uns veulent qu'il soit couvert de blâme & de reproches, les autres qu'il soit sans aucune tache : il y a apparence qu'ici comme ailleurs, la verité pourroit être dans le milieu.

ARTICLE II.

Objet de la Philosophie d'Epicure.

HENRI Morus écrivoit à l'ami de Descartes (*a*) que la fin suprême de la Philosophie étoit la Réligion : *Summus Philosophiæ finis Religio.* Il entendoit sans doute la fin de l'œuvre, & non celle de l'ouvrier. Car la Réligion, étant elle-même un moyen, a pour objet ;

(*a*) M. Clerselier. | Tom. 1. pag. 313.
Lettres de Descartes, | éd. 1657.

comme toutes les vertus, toutes les études, tous les efforts, toutes les entreprises de l'homme, le bonheur de l'homme même; avec cette seule différence, que sous son empire la nature est guidée par une sagesse qui ne trompe point; tandis que les autres moyens, employez souvent par un faux amour propre, ou par les vûës détournées de quelque passion trompeuse, menent l'homme à un fantôme de bonheur, plûtôt qu'à une felicité réelle.

Les Philosophes payens avoient saisi cette premiere verité: *Que l'amour de soi-même est le principe de toutes les actions de l'homme,* & que si cet amour étoit bien reglé, il seroit aussi la vraie regle de l'humanité.

Il falloit donc le regler cet amour, c'est-à-dire, lui montrer son véritable objet, ensuite la vraie route qui conduit à cet objet; enfin lui fournir les forces, ou les motifs nécessaires pour le porter jusqu'à cet objet. C'est ce qu'ils ont cru réservé à la Philosophie, c'est-à-dire, à la Raison instruite par elle-même des devoirs de l'homme, & pourvûe, aussi par elle-même, des moyens suffisans pour les remplir. Nous ferons sages, ont-ils dit, & heureux par la Philosophie, quand elle nous aura donné des idées nettes & claires sur les points d'où dépend notre bonheur, & qu'elle nous aura procuré l'habitude d'agir en conséquence.

Or voici comment ils procédoient dans leurs recherches & leurs raisonnemens sur cette matiere.

Le premier sentiment de l'homme est le desir de sa propre conservation & de celle de son état. Tout animal en naissant est recommandé à lui-même par la nature.

L'homme ouvrant les yeux sur soi, examine de quelles parties son être est composé : il y trouve un corps & une ame.

Il doit donc s'occuper de la conservation de son corps & de son ame, & de ce qui peut contribuer à les rendre plus complets, & plus utiles pour son bien-être, c'est-à-dire, plus parfaits. Et quand il aura obtenu la perfection possible de ces deux parties de son être, il sera aussi, lui-même, parfait, autant qu'il peut l'être, eu égard à sa nature ; & par consequent il sera heureux.

Le corps est parfait, quand il est sain & vigoureux, & que la santé présente semble répondre de la santé à venir.

L'ame est parfaite, quand la vertu y regne pleinement, c'est-à-dire, quand l'esprit ayant des idées justes, & en nombre suffisant, le cœur s'y conforme constamment & sans efforts.

Par conséquent l'homme heureux est celui qui porte dans un corps sain & agile, un esprit éclairé, avec un cœur droit, accoutumé à suivre les idées de l'esprit.

Cet homme heureux est aussi un sage: mais s'il a toujours le même cœur & le même esprit dans un corps foible & souffrant ; alors c'est un héros, c'est presque un Dieu.

Ainsi parloient Socrate, Platon, Aristote, Xénocrate, Dicéarque, & tous ceux qui ont philosophé de bonne foi sur cette matiere, la seule vraiement philosophique.

Toute la perfection de l'homme dépend donc des idées de l'esprit, puisque ce sont elles qui reglent la volonté. Maintenant quelles doivent être ces idées ? C'étoit-là que se partageoient les Philosophes.

On peut les diviser d'abord en trois classes. Dans la premiere, chaque homme est regardé comme une partie de l'Univers, laquelle doit se conformer & concourir à l'ordre général, & à la perfection du tout. C'étoit l'idée des Stoïciens.

Dans la seconde, chaque homme est une partie du genre humain, & doit, à ce titre, contribuer au bonheur général, & en tirer, par ce moyen, son bonheur particulier. C'étoit la pensée de l'École de Platon, qui, sur ce point, comprenoit aussi celle d'Aristote.

Dans la troisieme, chaque homme en particulier se fait centre de l'Univers & de la Société: c'est à lui seul qu'il rappelle tout le reste. C'étoit le sistême d'Epicure, d'Aristippe, & de tous ceux qui mettoient le souverain bien dans les sens & la volupté:

Et mihi res, non me rebus subjungere conor. Hor.

Ces trois classes peuvent être réduites à deux, dont la premiere comprend tous ceux qui bornoient l'être de l'homme à la vie présente; la seconde renferme ceux qui espéroient une autre vie, dont l'état fût lié avec l'état de la vie présente.

Selon le sistême de ceux-ci, le bien particulier sacrifié au bien public, dans cette vie, devoir être remplacé par un plus grand bien particulier dans la vie future.

Selon le sistême des Epicuriens, le sacrifice du bien particulier au bien public, étoit une sotise pure, sans récompense & sans objet.

La différence de ces deux Philosophies n'étoit donc pas dans l'une le sacrifice de l'intérêt personnel, dans l'autre le commerce ou l'usure de ce même intérêt : l'intérêt particulier étoit dans toutes deux. Mais dans l'une c'étoit l'intérêt d'une vie immortelle & d'un bonheur sans fin; dans l'autre c'étoit l'intérêt & le bien-être d'une vie passagere.

Le premier intérêt étoit l'amour de soi-même qui renonçoit à quelque bien présent pour un bien à venir infiniment plus grand. L'autre étoit le même amour de soi, qui renonçoit à l'espérance à venir, pour le bien qu'il croyoit présent. C'étoit donc la différence des idées qui séparoit d'abord les Philosophes; & ceux qui avoient tort étoient coupables d'erreur, avant que de l'être de crime.

Faisons encore un pas. Le bien de la vie présente est de deux sortes : le bien honnête & le bien agréable.

Le bien agréable, par opposition au bien honnête, est celui qui parvient à l'ame par les organes des sensations : c'est un mouvement qui flatte les sens.

Le bien honnête est celui qui nous procure l'estime & la bienveillance des hommes vertueux.

Les Stoïciens avoient embrassé le bien honnête, exclusivement à tout autre bien. C'étoit à eux à concilier les contradictions des principes de leur Métaphysique, avec ceux de leur Morale. Aristippe & Epicure avoient embrassé le seul bien agréable, y comprenant les vertus mêmes, qui n'étoient bonnes, selon eux, qu'à cause des agrémens qui les accompagnent même dans cette vie. Nous toucherons encore cette matiere ci-après. *Art. 5.*

Tout se réduit donc à savoir si l'homme sage, pour se rendre aussi parfait & aussi heureux qu'il peut l'être, eu égard à sa nature, à son origine, à sa destination, doit dans cette vie, sacrifier les plaisirs à la vertu, ou subordonner les vertus au plaisir.

Pour discuter cette question dans toute son étendue, il y avoit deux autres points essentiels à traiter préalablement : la nature de la Divinité & de ses attributs; celle de notre Ame & de ses proprietez; la question du bonheur n'étant proprement que le résultat de ces deux autres : Epicure l'avoit senti. « Si nous n'avions point, dit-il, » d'inquiétude sur ce qui se passe » au-dessus de nos têtes, ni sur la » mort & ses suites, & que nous » pussions connoître, sans la Phi- » losophie, où doivent s'arrêter nos » plaisirs pour ne point se changer

« en douleur, nous n'aurions que
« faire d'étudier la Philosophie » (a).

Voilà donc trois objets : connoître les Dieux, pour savoir s'il faut craindre leur vengeance : connoître l'Ame, pour savoir quelles sont les suites de la mort : connoître les limites du plaisir, pour éviter les suites fâcheuses de l'excès.

La connoissance des Dieux & celle de l'Ame nous est donnée par l'étude de la nature ou de la Physique (b) : sans cette étude, dit Epicure, les hommes comme les enfans dans l'obscurité, s'effraient de ce qui n'est pas. Les phenoménes du ciel & de la terre, dont ils sont frappez, parce qu'ils n'en voient pas les causes, les tiennent sous le joug d'une crainte qui les rend souverainement malheureux. C'est donc au

---

(a) Max. XI. 2. Part. art. 2. | (b) Voyez les Maximes 11. 12. & 13.

grand jour de la Philosophie qu'il appartient de tirer les hommes de la servitude, & de leur apprendre que ce ne sont pas les Dieux qui font ce qui les étonne : » Graces » soient rendues au Citoyen d'A-» thènes, » s'écrie Lucrece dans l'enthousiasme de son admiration, » nous sommes libres des vains pré-» jugés de l'enfance. (*a*) C'est cet » homme immortel, qui, emporté » par son génie vainqueur au-delà » des limites enflammées du mon-» de, a parcouru l'Univers & l'es-» pace. C'est lui qui nous a ra-

(*a*) *Primum Grajus homo mortales tollere contra*
Est oculos ausus, primusque obsistere contra...
Ergo vivida vis animi pervicit, & extra
Processit longè flammantia mœnia mundi,
Atque omne immensum peragravit mente animo
(*que*,
Unde refert nobis victor quid possit oriri
Quid nequeat, finita potestas denique quoique
Quanam sit ratione, atque altè terminus hærens.

L. I. v. 66.

» mené en triomphe, toutes les dé-
» terminations possibles des êtres,
» les formes essentielles de chaque
» espece, les principes de leurs
» mouvemens & de leurs repos,
» enfin tous les circuits & les re-
» tours des élemens. Nous pou-
» vons désormais acquiescer à nos
» penchans, & suivre sans inquié-
» tude, les douces violences de la
» nature, qui nous entraîne à la
» volupté. »

Ce qui veut dire en prose que nous connoissons par la Philosophie que les Dieux ne se mêlent de rien; que chaque être a la raison de sa forme & de son existence dans la pesanteur, la configuration, & la masse des atômes;

Et metus ille foras præceps Acheruntis agendus;
Funditus, humanam qui vitam turbat ab imo
Omnia suffundens mortis nigrore : neque ullam
Esse voluptatem liquidam puramque relinquit.
L. III. v. 40.

l'ame aussi bien que le corps; & qu'ainsi tout se décompose & se détruit, sans exception : partant point de maître à craindre dans le monde invisible, ni pendant cette vie, ni après la mort. Tout notre être est ici, tout notre bonheur : & l'un & l'autre ne dépend que de nous. Voilà les lumieres que nous donne l'étude de la nature, ou de ce que les Anciens appelloient la Philosophie naturelle.

Il ne reste plus qu'à développer, d'après ces principes, les loix que cette même nature prescrit à l'homme, soit par le sentiment, soit par la raison, pour le conduire au bonheur qui lui convient, selon ce sistême ; & alors il jouira de tous les avantages que la sagesse peut lui procurer : c'est l'objet de la Philosophie morale, qu'Epicure a traitée au long, & toujours rélativement à la nature de la Divinité & de l'Ame, qui sont les deux appuis fondamentaux des mœurs, & à celle du bonheur de l'homme, qui en est la fin & le résultat.

Les autres Philosophes avoient aussi traité avec étendue ces mêmes objets, rélativement aux mêmes points de vûë, je veux dire, pour nous délivrer de nos craintes fausses, & nous mener au vrai bonheur ; parce que ces idées ne peuvent se séparer (*a*). Mais ils nous conduisoient à ces résultats par des moyens tout différens de ceux d'Epicure.

Ils avoient écrit sur la Divinité, pour nous faire connoître, je ne dis point sa nature, qui est essentiellement incompréhensible à toute in-

_____
(*a*) Toute idée de justice, disoit Chrysippe, tient à Jupiter, & à la connoissance qu'on a de la nature universelle. C'est de là que dépend l'essence du bonheur & des vertus. *Plut. de Stoic. rep. 1035.*

telligence finie; mais son existence, & quelques-uns de ses attributs rélatifs à notre propre conduite; sa sagesse qui ordonne toutes choses; sa puissance, qui embrasse les moindres objets, qui leur donne l'être, le mouvement & la vie; sa science, à qui tout est présent, qui voit jusqu'à nos plus sécretes pensées; sa providence, qui veille spécialement sur les hommes, & qui leur a donné par prédilection, le motif de la raison, plus encore que celui de l'intérêt, pour les attacher à la vertu: enfin sa justice, qui est un amour constant de l'ordre, qui le fait, qui le commande, qui le rétablit, toujours pour sa gloire: & au lieu du tribut servile de la crainte, auquel Epicure prétendoit que nous serions forcez, si la Divinité existoit, ils ont demandé pour elle l'hommage libre & filial, c'est à-dire, l'amour & le respect d'un cœur vertueux.

Ils avoient parlé de la mort : non pour nous montrer de loin les portes du néant, qui n'est que le doute malheureux d'un homme sans principes; mais pour nous adoucir ce passage nécessaire, par le détachement insensible des choses terrestres : *Philosophia est commentatio mortis.* Ils avoient dit que l'homme étranger sur la terre, & rappellé à une meilleure patrie, devoit chaque jour couper quelqu'un de ces nœuds grossiers qui l'attachent ici-bas, malgré lui; qu'il devoit diminuer, par l'étude des choses intellectuelles, le poids de cette partie materielle de lui-même, qui l'empêche de prendre l'essor vers la perspective d'une autre vie. Ils avoient dit que la vie d'ici-bas, en comparaison de l'autre, n'étoit qu'un état de mort;
que

que notre ame étoit renfermée dans le corps comme dans un tombeau, ou tout au plus, comme dans une prison étroite ; où ses idées n'étoient que des lueurs, ses desirs que des maladies, ses plaisirs que des suites ou des préludes de la douleur; de maniere que la mort, qui étoit par elle-même un phantôme affreux pour le vulgaire, & pour Epicure l'entrée du néant, étoit devenue pour le sage, un terme desirable, le moment du salaire, où les travaux finissent, & le bonheur commence.

Ils avoient parlé des goûts de la nature, & même de la volupté des sens ; mais ils en avoient parlé comme d'un criminel digne de mort, à qui il falloit faire le procès sans pitié, qu'il falloit exterminer comme l'ennemi de toute vertu. Ceux d'entre eux qui l'avoient traitée avec plus de modé-

D

ration, avoient dit que les plaisirs sensibles étoient des adoucissemens légers dans les maux de la vie ; mais dont il falloit user sobrement : des attentions de la nature bienfaisante, qui nous invite à conserver notre être par l'attrait du sentiment ; mais dont il ne falloit profiter qu'avec défiance & précaution.

Ainsi avoient parlé les Écoles de Thalès, de Pythagore, de Parménide, de Platon, d'Aristote, des deux Zénons, de ces hommes fameux, dont tout l'Univers alors connu, répetoit les noms avec une reconnoissance mêlée de vénération : « parce que, dit Plutarque (a), « quand même les loix qui sont le « frein des passions humaines, au- « roient été perdues & anéanties, « les conseils & les exemples de « ces héros de la sagesse, auroient

(a) Adv. Col.

» toujours retenu les nations, &
» empêché les hommes de se dé-
» vorer. On auroit toujours craint
» le crime & la honte, toujours
» aimé & respecté la justice, ren-
» du honneur aux Magistrats &
» aux Dieux: on auroit toujours
» cru qu'il y avoit des guides &
» des témoins invisibles de la con-
» duite de chaque mortel ; que
» tout l'or de l'Univers ne pouvoit
» payer la moindre vertu ; enfin
» on auroit fait, par l'attrait seul
» de la raison & de la décence, ce
» qu'on ne fait aujourd'hui que par
» crainte. »

Cependant il faut l'avouer, ces grands hommes qui avoient trouvé dans l'étude de la nature, la notion de Dieu, de l'ame immortelle, du bonheur de la vertu, n'avoient pas toujours eu ce qu'il falloit pour persuader les esprits, souvent grossiers, quelquefois rétifs, presque toujours offusquez par le goût & l'habitude des choses sensibles. Ils n'étoient pas même d'accord entre eux sur les développemens de plusieurs de ces points essentiels. Et comme l'esprit humain a toujours eu le secret, quand il l'a voulu, d'embrouiller, à force de réflexions, les choses les plus claires, & de rendre douteuses les plus certaines; il s'est trouvé que dans le choc des raisonnemens & des idées contraires, dont aucunes ne reconnoissoient un tribunal sans appel, la verité a souvent eu moins de crédit & de pouvoir que le mensonge ; parce qu'elle est ordinairement sans faction, & que le nombre des sages n'est jamais le plus grand.

Dans cet état des pensées & des opinions des Philosophes sur le bonheur de l'homme, & sur les moyens d'y parvenir, Epicure s'imagina que la question seroit bientôt décidée, si quelqu'un, sans s'arrêter aux vaines disputes des Écoles, reprenoit le fil de la nature, & le suivoit jusqu'au bout sans le rompre. Il crut que ce chef-d'œuvre lui étoit réservé ; & qu'il étoit heureusement arrivé au terme, en prénant le hazard pour principe, & la volupté pour guide : l'un pour délivrer l'homme des craintes fausses, & l'autre pour le délivrer des sottes cupidités, qui sont les deux grandes, & les seules maladies du genre humain. Il a prétendu avoir guéri la premiere, en tirant le voile mistérieux qui nous déroboit les opérations sécretes de la Nature ; & la seconde, en plaçant le ressort de toute vertu dans l'amour du bien être de cette vie : c'est toute sa Philosophie.

ARTICLE III.

Idée d'Epicure sur la nature des Dieux.

UN Poëte a dit, & on l'a cité quelquefois avec complaisance, que c'étoit la crainte qui avoit fait les Dieux dans l'Univers : *Primus in orbe Deos fecit timor.*

On pourroit dire le contraire avec plus de verité, que c'est la crainte qui a chassé les Dieux de l'Univers. » Je n'ai jamais vû un » homme, dit Ciceron, qui eût » plus de peur qu'Epicure de deux » choses, dont il disoit qu'il ne fal- » loit point avoir peur, je veux » dire de la mort & des Dieux (a). Il en parloit toujours.

_____

(a) *Neminem vidi qui magis ea quæ timenda esse negaret, timeret; mortem dico & Deos.* De Nat. Deor. I. 31.

D'EPICURE. 55

Elevé dès sa tendre enfance (a) dans la frayeur des esprits & des démons, contre qui sa mere employoit les rits expiatoires dans les maisons des particuliers, il avoit eu long-tems l'imagination remplie de fantômes hideux. Il se représentoit, si l'on peut user de l'expression du Poëte qui a mis en vers sa Philosophie, la tête énorme de la Religion sortant des cieux, & glaçant d'effroi par son regard terrible, les pâles mortels, victimes du préjugé :

Quæ caput à cœli regionibus ostendebat,
Horribili super aspectu mortalibus instans.
L. I. 65.

Ce fut pour se délivrer une bonne fois de cette idée, pleine de trouble & de terreur, qu'il entreprit de mettre la Religion sous ses pieds. Quand il crut y avoir

(a) Voyez Diog. Laerce, & Bayle | dans son Dict. Rem. B. n. 1.

réuſſi, ſes diſciples chanterent victoire, & ſe crurent eux-mêmes dans les cieux :

Quare Relligio pedibus ſubjecta viciſſim
Obteritur, nos exæquat victoria cælo.

L. 1. v. 80.

Lorſque des eſclaves infidéles craignent leur maître, ils n'ont que deux moyens pour ſe délivrer de leur crainte : le premier eſt de l'anéantir, s'ils le peuvent; le ſecond de lui fermer les yeux, & de lui lier les mains : car ſi ce ſecond moyen paſſe encore leurs forces, ils n'ont d'autre parti à prendre que de faire leur devoir, & de porter leurs chaînes de bonne grace.

Épicure n'a point voulu imiter ces Philoſophes Titans qui entreprirent d'eſcalader le ciel, dûſſent-ils être écraſez par les rochers mêmes qu'ils lançoient contre lui. Il a mieux aimé prendre

la voie des souterrains. » Oui, dit-
» il, oui : il y a des Dieux : l'évi-
» dence des idées nous le prou-
» ve » (a) : c'est-à-dire, la vûë claire & distincte de ces phantômes
gigantesques qui se peignent à
notre imagination lorsque nous
rêvons.

Mais quels sont ces Dieux ?
Quelle est leur nature ? C'étoit-là
le point essentiel pour son objet (b).

L'existence des Dieux conside-
rée en elle-même, ne fut jamais
ce qui blessa ceux qui l'ont atta-
quée. Qu'importoit à Diagoras
qu'il y eût dans quelque coin de
l'Univers quelque nature plus parfaite que lui, jouissant d'un plus
grand bonheur que le sien ? Que
lui importoit même que ces êtres
fussent spectateurs de sa conduite

(a) Lettre à Méné-
cée, n. 1.
(b) Voyez la Let-
tre à Ménécée, II.
Part. num. 1. dans la
note.

& de ses pensées, pourvû qu'ils n'eussent aucune sorte d'influence sur son bien-être ? Eût-il laissé mettre sa tête à prix, pour une question toute spéculative, qui n'auroit eue aucune espece de rapport avec son existence ? Il s'agissoit d'une Providence universelle, qui, ayant arrangé toutes choses, eût fait des loix morales pour les êtres qui seroient capables de s'y conformer.

Epicure a donc pris la question dans le point intéressant, quand, laissant aux Dieux l'existence, il leur a ôté les armes,

Eripuitque Jovi fulmen, viresque tonanti.
Man. 1.

Athènes qui vouloit conserver ses Dieux, mais qui rougissoit encore d'avoir ôté la vie au plus sage de ses Philosophes, parut se contenter du mot qu'on lui laissoit, & n'osa se plaindre qu'on lui eût ôté la chose.

D'Epicure.

Dieu, a dit Epicure, est un Etre heureux & immortel (*a*) : deux attributs que toutes les Philosophies renferment dans la notion de Dieu ; mais qu'Epicure emploie par préférence à d'autres, pour des raisons essentielles à son système ; les voici :

Tout Etre qui a ces deux qualitez, n'est, selon lui, capable ni de haine, ni d'amour, sentimens qui supposent la foiblesse. Par conséquent on ne le touche point par les bienfaits, ni on ne l'offense par les injures. Tranquille & renfermé en lui-même, il n'empêche ni ne trouble la tranquillité de qui que ce soit (*b*). C'est donc mal-à-propos que les hommes prêtent à la Divinité leurs idées d'amour & de haine, de récompense

---

(*a*) Voyez la Lettre à Ménécée, II. Partie, Art. 1. n. 1.

(*b*) Voyez II. Part. art. 2. Max. 1.

& de punition, & qu'ils lui refusent le repos parfait, parce qu'ils n'en trouvent pas le modele en eux-mêmes (*a*).

Epicure (qu'il soit permis de l'observer ici en passant) ne s'apperçoit pas qu'il tombe lui-même dans la faute qu'il reproche au vulgaire. Quand il ne peut concevoir le repos & le bonheur parfait de la Divinité, sans lui supposer une inaction universelle; n'est-ce point parce qu'il ne peut concevoir un homme gouvernant un grand empire, sans prendre beaucoup de soins & beaucoup de peines? C'est donc par la nature de l'homme, qu'il juge de la nature de Dieu. Mais suivons-le dans le developpement de ses principes.

Les Dieux sont heureux, parce qu'ils sont parfaitement oisifs; rien

_____
(*a*) Lettre à Mén. II. Part. Art. 1.

n'agit sur eux; ils n'agissent sur rien (a). On peut en juger par les lieux mêmes où ils sont placez. Qu'on se représente une infinité de mondes qui s'agitent & se meuvent chacun dans leur tourbillon particulier: il n'est pas possible que leurs configurations, rondes ou approchantes de la rondeur, ne laissent quelques intervalles entre eux. Ces intervalles s'appellent *intermondes*. C'est-là que les Dieux tranquilles, loin des hommes, regnent, & jouissent d'eux-mêmes, sans action, sans soins, sans volonté. S'ils se fussent trouvez engagez dans les mondes, ils auroient eu trop d'embarras & trop de peines. Il auroit fallu suivre le mouvement des sphères : quelle fatigue ! ou le régler : quels efforts ! cela ne peut se concilier

(a) Voyez l'Extrait de la Let. à Hérod. | II. Part. art. 5. n. 18.

avec le bonheur de l'immortalité qui est l'élement des Dieux.

Mais d'où viennent toutes ces formes qui remplissent l'Univers, & qui le varient à chaque instant? Il y a assurément une cause, quelle qu'elle soit, pour la production & pour la formation de ces êtres. Ne seroit-ce point ces Dieux par lesquels seroient operez tous ces renouvellemens de scéne qui nous étonnent? Si par malheur cela étoit ainsi, vivans & mourans, nous serions dans la main de ces Dieux.

Un Philosophe religieux auroit dit que c'étoit une raison de plus pour reconnoître l'action des Dieux; puisqu'alors nous serions dans la main des auteurs de notre être, qui ne peuvent être ennemis de leur ouvrage. Epicure n'ose s'y fier. Il croit plus sûr pour lui, de tenir son être du concours fortuit des atômes, & de le perdre dans le vuide, que d'en être redevable à un Etre très-sage & très-bon.

Mais quelle preuve nous donne-t-il de cette origine du genre humain & des autres êtres ? Il faut l'entendre un moment.

L'Univers, dit-il, ne renferme que deux choses, le corps & l'espace. On ne peut concevoir ni par idée intuitive ou directe, ni par analogie ou réflexion, aucun autre être qui soit essentiellement & par lui-même (*a*).

Le corps est partagé en atômes ou parties indivisibles, infinies en nombre, presque infinies en figures (*b*). Toutes, par leur pesanteur naturelle & nécessaire dans le vuide, se meuvent avec une vitesse égale à celle de la pensée, &

(*a*) Voyez II. Part. art. 5. n. 2. & suiv. | (*b*) Lettre à Herd. Seg. 42.

dans une direction infiniment peu éloignée de la perpendiculaire.

L'espace est un être essentiellement continu & indivisible, même par la pensée, pénétrable au corps, comme le corps l'est à lui; immuable, parce qu'il est infini & continu, mais sans lequel le corps, ou l'atôme, seroit immobile.

On conçoit que de la rencontre & de la combinaison de ces atômes, différemment figurez dans l'espace, & des parties de l'espace différemment figurées par les atômes, selon qu'il a plû au hazard de l'ordonner, se sont formez tous les êtres & tous leurs attributs. C'est de-là que viennent le bonheur & l'immortalité des Dieux, les sensations, les pensées, les raisonnemens des hommes, les formes des élemens, les générations des espéces, enfin l'ordre de toutes choses tant au ciel que sur la terre:

c'est

c'est de-là qu'est venu non-seulement tout ce qui est, mais encore tout ce qui a pû être.

Voilà les principes de tous les êtres expliquez, ou les causes clairement connues, sans avoir eu besoin de recourir à la Divinité.

Epicure a donc conçû clairement que deux atômes, dont ni l'un ni l'autre ne sent, pouvoient sentir, penser & raisonner, quand ils se touchoient par quelqu'une de leurs extremitez (*a*).

Il a conçû que dans l'espace infini, où il ne voit lui-même ni haut ni bas, ni cause déterminante; les atômes pouvoient se mouvoir plutôt d'un côté que d'un autre, en déclinant de la perpendiculaire, plutôt qu'en la suivant.

Il a conçu que les atômes allant tous dans la même direction, &

(*a*) Voyez II. Part. Let. à Hér. n. 13. & suiv.

E

avec une vitesse égale (*a*), pouvoient s'atteindre, & former des masses ou collections d'atômes.

Enfin il a conçu, bien clairement, que l'ordre, la beauté, l'harmonie, la magnificence de l'Univers, étoient le résultat d'un mécanisme aveugle, l'effet d'un coup de dez heureux : il a conçu tout cela ; & il ne peut concevoir, non plus que nous, qu'un batteau de pêcheur aille & revienne constament au même rivage, sans être guidé par une intelligence.

C'est par ces idées lumineuses qu'il est parvenu à se persuader lui-même, & à persuader à ses disciples, qu'il n'y a point d'Esprit qui gouverne le monde ; que les Dieux ne font rien dans l'Univers ; qu'ils n'ont aucune attention à ce que font ou deviennent les hommes, & que par conséquent, il n'y a rien à craindre ni à espérer d'eux.

(*a*) *Ibid.* n. 12.

ARTICLE IV.

Idée d'Epicure sur la nature de l'Ame humaine.

S'IL est vrai que les Dieux ne font, ni ne sentent rien ; l'homme bien sûr de leur impuissance, n'a rien à craindre d'eux, ni pendant sa vie, ni après sa mort. Epicure croit l'avoir démontré.

Mais n'a-t-il rien à craindre de la nature même, qui, après tout, peut lui laisser assez de sentiment pour le rendre malheureux dans quelque état, dont on peut imaginer la possibilité ? Le même Epicure nous assure que non.

La mort, ce mot qui fait frémir les humains, n'est, selon lui, qu'un vain phantôme, qu'il suffit de regarder de près, pour en dissiper l'illusion. Comme il a vû dans

l'espace infini les atômes allans & venans de la composition des êtres à leur dissolution, & réciproquement ; il étoit bien capable de nous apprendre ce que nous sommes, & ce que nous devenons. » Qui suis-je, [s'écrie l'homme qui se dispose à raisonner sur son sort] ? » Suis-je un mélange de
» corps & d'ame ; ou plutôt une
» ame usant du corps, comme le
» cavalier use de son cheval ? Ce
» principe, par lequel j'ai l'intel-
» ligence, le raisonnement, l'ac-
» tion, est-il proprement mon
» être, de maniere que les orga-
» nes du corps, & les facultez de
» l'ame, ne soient que les instru-
» mens de cette premiere faculté ?
» Suis-je un animal plus compli-
» qué & plus furieux que Typhon,
» ou une nature simple & paisible
» émanée de la Divinité (*a*) ? »

(*a*) Plut. *adv. Col.* 1119.

Vous êtes, dit Epicure, un rezeau d'atômes, un tissu de certaines parcelles, formé par certaines combinaisons, que le hazard a exécutées d'une certaine maniére, & qui doivent se rompre au bout d'un certain tems, par les loix essentielles de la nature (a). Votre ame même n'est qu'un entrelacement de corps très-subtils, répandus dans cette portion organisée de matiére sensible, que vous appellez votre corps. Ce ne peut être autre chose ; puisque toute chose est essentiellement & nécessairement atôme & vuide : ou, si vous le voulez, choix & arrangement d'atômes, combinez avec le vuide (b).

De quelle espece sont ces atômes ? C'est quelque chose d'approchant d'un soufle de flamme,

(a) Lettre à Hérod. II. Part. art. 5. n. 13.
(b) Voyez Lett. à Hérod.

tenant à la fois de la nature de l'air & de celle du feu; mais dont les parties surpassent cependant en finesse, celles de ces deux élemens: ce qui rend l'ame plus capable de sympathie.

Enfin, pour ne rien laisser à desirer sur cette matiere, Epicure nous assure que la partie raisonnable de l'ame a son siége dans la poitrine, comme il paroît par les sensations de joie & de crainte; & que sa partie non raisonnable, est dans le reste du corps (a).

Nous nous mocquons des Grecs quand nous voyons chez eux de telles idées & de telles preuves; comme si tous les Grecs les avoient employées, ou que personne ne les employât chez nous.

Il est donc demontré, comme on vient de le voir, que l'ame est composée d'atômes, de même que

(a) Ibid.

le corps. Changez en quelque chose la position & l'ordre de ces atômes ; l'homme d'heureux qu'il étoit, devient malheureux, ou de malheureux il devient heureux (a). Changez-la encore ; d'être sentant qu'il étoit il n'est plus rien : son être particulier est rentré dans le fonds commun de la nature, où il trouve un repos éternel dans le néant de lui-même : la mort n'est rien.

Cependant Epicure n'est point entiérement sûr de sa découverte. Il avoue qu'il a peine à tirer la pensée, la mémoire, le raisonnement, l'amour, la haine, des élemens dont il compose l'ame ; qu'il lui faut une qualité.... comment la nommera-t-il ? Elle n'a point de nom (b). Quelle est sa nature ? On

(a) *Epicurus summum bonum definit* σαρκὸς εὐσταθὲς κατάστημα. A. Gel. ix. 5. Métrodore définissoit de même le bonheur, selon Ciceron. 2. Tusc. & 2. de Fin. & 3. Off.
(b) *Ea est omnino nominis expers.* Luc. 3. v. 243.

ne peut la définir, ni la décrire, ni la désigner: on la sent: c'est tout ce qu'on en sait (*a*).

Nous pourrions nous dispenser d'indiquer les preuves d'Épicure, puisque nous n'avons promis qu'une exposition vérifiée de sa doctrine. Si nous en offrons ici quelques-unes; ce ne sera que pour rendre notre exposition plus complette.

On ne peut concevoir, a-t-il dit, aucune substance ou être subsistant par lui-même, que l'atôme & le vuide: donc on ne doit point en admettre d'autre.

Il n'est personne aujourd'hui qui ne sente combien une pareille conséquence est ridicule. Tout est plein de choses dont nous ne pourrions croire même la possibilité, si leur existence n'étoit pas sentie

(*a*) Voyez Cic. 2. | *Col.* pag. 1118.
De Fin. Plut. *advers.* |

de la maniere du monde la plus évidente.

Il sembleroit au moins par ce raisonnement, qu'Epicure auroit conçu bien clairement lui-même, ce que c'est que vuide & qu'atôme. Si cela étoit aisé à concevoir, pourquoi tant de grands hommes, anciens & modernes, d'un esprit très-vif & très-pénétrant, auroient-ils déclaré qu'ils ne pouvoient le comprendre ? Et en effet, qu'est-ce qu'un atôme ? Une étendue solide, & indivisible.

Avons-nous dans la nature aucun exemple d'une pareille indivisibilité ? Pouvons-nous nous en faire une notion ? Ne peut-on pas dire du vuide, qui est opposé au corps, tout ce qu'on dit du corps ? Si le corps est étendu ; le vuide l'est aussi. Si le corps est impénétrable au corps ; le vuide l'est au vuide. Si le corps pénétre le vuide considéré comme espace ; le vuide considéré comme espace, pénétre le corps dans le même sens. Si le corps est mobile, parce qu'on le suppose dans l'espace ; l'espace sera aussi mobile dans le corps supposé continu. Il ne reste que l'indivisibilité. Mais si on ne la conçoit pas dans le vuide, parce qu'on y voit toujours de l'étendue; il est évident qu'on ne la conçoit pas davantage dans le plein, par la même raison. L'étendue indivisible, & par consequent l'atôme, n'est donc rien moins qu'aisée à concevoir.

Epicure dira qu'elle est prouvée par le fait même de la nature. Quel est-il ce fait ? La constance des especes dans le monde physique. Les natures y ont toujours été les mêmes dans tous les tems : ce qui démontre qu'elles sont fondées & établies sur des principes immuables, qu'aucune force physique ne peut ébranler, ni détruire, ni par conſequent diviſer.

On lui paſſe cette raiſon, quoiqu'elle ne ſoit valable que dans le ſiſtême d'Anaxagore, qui fait les premiers élémens ſimilaires, c'eſt-dire, de même nature que les eſpeces qui en ſont compoſées immédiatement. Car alors il eſt aiſé de comprendre pourquoi le feu eſt toujours feu, l'air toujours air, &c. parce que le feu eſt compoſé d'élémens qui ſont feu eſſentiellement, & l'air d'élémens qui ſont air. Mais dans le ſiſtême d'Epicure, où le feu, l'eau, la terre, l'air, ne ſont tels que par la combinaiſon des atômes; cette combinaiſon pouvant changer à tout moment, ſi la nature ne change point; ce n'eſt pas à l'indiviſibilité des atômes qu'il faut en avoir obligation : cela eſt évident.

On peut même tourner cette façon de raisonner contre Epicure. Il juge de l'existence & de la nécessité des indivisibles par les inductions qu'il tire des effets de la nature, dont il ne sauroit donner l'explication sans eux; pourquoi ne juge-t-il pas de la nécessité & de l'existence des esprits par les opérations & les productions dont on ne peut trouver la raison, ni dans les atômes, sur qui rien n'agit, ni dans le vuide, qui n'agit sur rien?

Les Modernes suggéreront peut-être à Epicure leur argument favori, Que nous ne connoissons point toutes les proprietez de la matiére, & que nous ignorons si elle ne peut pas penser.

Mais alors ils ne sont plus dans l'idée du Philosophe. On renverse tout son édifice, dont l'objet unique est d'établir la sécurité de l'ame, sur l'évidence des causes de composition : tout est perdu, si on peut soupçonner seulement, qu'il y ait en nous un atôme pensant, & par conséquent sentant, par lequel notre être pourroit devenir malheureux, même après notre mort.

Si on dit que les atômes, dont aucun ne sent, commencent à sentir quand ils sont plusieurs ; on n'apprend rien de nouveau à Epicure. Il l'a dit avant tous les Modernes ; & c'est sur quoi il auroit eu besoin, comme eux, d'une double démonstration : la premiere, pour prouver la possibilité & le fait d'un être sensitif composé de parties qui ne sentent point ; la seconde, pour prouver que cette composition, n'est, ni ne peut être existante après la décomposition du corps grossier.

Toutes les autres preuves d'Epicure contre l'immortalité de

l'Ame, se réduisent à sa dépendance apparente des différens états du corps. Elle semble se développer, se fortifier, s'affoiblir avec lui; elle est gaie, triste, vive, languissante, selon que le sang coule, ou qu'on a bien ou mal digeré.

Aristote avoit répondu à cette objection faite long-tems avant Epicure. Dans un vieillard la mémoire tombe, l'imagination s'éteint, toutes les facultez de l'ame semblent s'affaisser comme le corps. Mais le corps n'étant que l'instrument de l'ame, ne peut-on pas attribuer à l'instrument seul, ce qu'on veut attribuer à l'ame? Donnez un œil de vingt ans à une ame de quatre-vingts; elle verra comme à vingt ans: & de même, l'homme de vingt ans verra comme à quatre-vingts, si on lui donne un œil de quatre-vingts ans. J'écris rouge ou noir, avec de l'encre rouge ou noire; gros ou fin, net ou brouillé, avec une plume bien ou mal taillée. L'application est aisée. C'en est assez du moins pour ôter aux preuves tirées de la dépendance de l'ame, l'effet de la démonstration qu'Epicure prétend leur donner, & pour faire renaître les inquiétudes de l'obscurité.

On ne lui parle point de ces opérations de l'esprit qui sont toutes intellectuelles, & qui, quand même elles auroient des liaisons d'origine avec les sens, ne peuvent être l'ouvrage des sens. On ne lui parle point de ce trésor immense d'idées de toute espece, sur lesquelles l'activité de l'esprit se fixe, & travaille à son gré, pour en composer ses notions & ses raisonnemens. On ne lui demande point par quel art de sympathie, le corps aide l'ame à former de longues chaines de pensées infiniment subtiles, & toutes composées d'une infinité d'idées. Epicure n'a pas porté jusques-là ses recherches.

Mais on lui demande quel avantage il a prétendu tirer de la mortalité de l'ame.

Il répond, sans mistère, que c'est pour être plus tranquille en cette vie.

On lui réplique que quand même cette opinion seroit la plus probable, ce qui n'est point, elle ne seroit pas la plus sûre : cela est évident. » Si je me trompe, disoit
» le vieux Caton, quand je crois
» que les Ames sont immortelles,
» c'est une erreur qui me plaît :
» je ne veux point qu'on me l'ar-
» rache, tandis que je suis vivant.
» Et si, comme le veulent quelques
» Philosophes du dernier rang, je
» n'ai plus de sentiment après ma
» mort ; je ne crains point que les
» autres Philosophes morts, vien-
» nent

nent se railler de ma crédulité (a).

On lui demande en faveur de qui il a travaillé en bâtissant un pareil sistême. Tout le genre humain est partagé en deux classes, dont l'une comprend les gens de bien, & l'autre les méchans. J'entens ici par méchans ceux qui observent la loi par crainte, & qui la transgressent par goût; & j'entens par gens de bien, ceux qui observent la loi par goût, & qui ne la transgressent que par foiblesse.

Il n'est point de méchans heureux : le vice, par la raison seule qu'il est vice, trouble & ronge toujours le cœur où il habite. La crainte du deshonneur, de la pu-

___

(a) *Quod si in hoc erro, quòd animos hominum immortales esse credam, libenter erro : nec mihi hunc errorem, quo delector, dum vivo, extorqueri volo. Sin mortuus (ut quidam minuti Philosophi censent) nihil sentiam : non vereor ne hunc errorem meum mortui Philosophi irrideant.* Cat. maj. n. 23.

F

nition, de la douleur, l'agite, & l'éveille au milieu de son repos. Il est inutile de le prouver aux Epicuriens. C'est une de leurs plus formelles prétentions, qu'ils poussent même beaucoup trop loin; parce que, nécessaire à la justification de leur Morale, elle ne le fait que quand elle est outrée. Ils ont dit qu'il n'étoit aucun cas où le méchant pût, je ne dis pas être assuré, mais se croire sûr de l'impunité, soit par le secret qui l'enveloppe, ou par la puissance qui le défend contre les loix (*a*).

Si cela est ainsi, quelle perspective plus agréable pour un homme méchant, que celle de la mort? C'est bien pour lui que la mort est un port après la tempête, un doux sommeil après des tourmens cruels, la liberté après un long & pénible esclavage.

(*a*) Max. 38.

Il n'arrivera à la mort que par la douleur.? N'a-t-il pas la recette de son école? Si la douleur dure, on peut la supporter : si on ne le peut, c'est un quart-d'heure (a).

Qu'Epicure ait eu compassion des méchans, parce qu'ils sont hommes; cela est digne d'un Philosophe qui chérit l'humanité : mais quelle raison a-t-il eue pour ôter aux gens de bien leur récompense?

Si cette récompense est le sentiment de leur vertu; cette vertu leur échappe comme un songe vain. Ils vont se plonger dans le néant, avec le regret inutile d'avoir été justes, moderez, patiens, temperans, lorsqu'ils pouvoient ne pas l'être; & que ne l'étant pas, ils pouvoient jouir de satisfactions sans nombre, & se délivrer d'autant de combats, qu'il leur en a

(a) II. Part. art. 2. Max. 4.

fallu, pour résister à toutes les invitations de la nature, de la volupté, & de l'exemple.

S'ils sont heureux dans cette vie : quel spectre plus affreux que la mort qui va les dépouiller nuds, & leur ravir tout leur bien sans retour ?

S'ils sont malheureux : quel désespoir de se voir en proie à la douleur, en attendant le néant (a)? Ne feront-ils pas mieux de sortir de leur engourdissement, pour tirer quelque parti avantageux de leur existence momentanée ? Il ne s'agit que d'être adroit ou puissant, ou l'un & l'autre, si on le peut, par soi-même, ou par autrui, n'importe comment, pourvû qu'on ait de quoi se satisfaire, sans en craindre les suites : le pis-aller, est

(a) Voyez le Liv. de Plut. où il prouve qu'on ne peut vivre heureux en suivant Epicure. Vers la fin.

de se briser dans l'effort.

Qu'Epicure se tourne comme il lui plaira. Dans son sistême, tout est pour les méchans, & contre les gens de bien. Les méchans ont profité de la vie : ils ont été riches, puissans, encensez du grand nombre : & ils gagnent encore en mourant, le repos de leurs passions & l'assurance de l'impunité. Les gens de bien n'ont point joui de la vie : & ils perdent en la quittant le seul bien qu'ils ont eu, leur vertu, qui n'a été pour eux qu'un mot, comme un bois sacré n'est qu'un bois. S'ils avoient bien pris les leçons d'Epicure, ils auroient sû que vivre c'est jouir, & que l'homme est d'autant plus parfait dans sa nature, qu'il a plus de goûts ; & d'autant plus heureux, qu'il a plus de moyens de les satisfaire.

ARTICLE V.

Idée d'Epicure sur la Volupté.

APRE's avoir démontré, à sa maniere, que les Dieux ne se mêlent point de ce qui regarde les hommes, & que la mort n'est qu'un vain phantôme, qui fuit, lorsqu'on ose aller à lui, Epicure s'arrange, & se fait un plan de conduite.

Je suis : mon existence renfermée dans des bornes très-étroites, n'est qu'un tissu de sensations qui me sont propres ; & dont les unes sont agréables, les autres douloureuses.

Par un avantage particulier que j'ai sur les bêtes, je puis prévoir, jusqu'à un certain point, l'avenir de mon être ; & par ma prévoyance, diminuer la somme de mes sensations douloureuses, & augmenter celle des sensations agréables : je le puis.

Si je le fais ; je suis ce qu'on appelle un Sage, c'est-à-dire, un mortel, qui, par la justesse des mesures qu'il a prises, & par sa ponctualité à les exécuter, s'est donné à lui-même toute la perfection dont l'humanité étoit susceptible en lui.

Je n'ai rien à craindre des Dieux; la mort n'est rien : je ne me vois donc d'ennemi que la douleur. Si je m'en délivre ; il ne me reste que mon être & la volupté.

Qu'est-ce que la volupté ?

C'étoit sur cet article principalement que les Épicuriens prétendoient n'être pas entendus. « Quoi, disoit Cicéron (a), je ne

---

(a) Hoc frequenter dici solet à vobis, non intelligere nos quam dicat Epicurus voluptatem. Quod quidem mihi, si quando dic-

» fais point ce que c'est qu'ἡδονή en
» grec, & *voluptas* en latin ? Qui-
» conque veut être Epicurien, l'est
» en deux jours ; & je serai le seul
» qui ne pourrai y rien compren-
» dre ? Vous dites vous-même
» qu'il ne faut point de lettres pour
» devenir philosophe (il parle à un
Epicurien.) » En verité, quoique
» je sois naturellement assez mo-
» deré dans la dispute ; je l'avoue,
» j'ai peine à me contenir. »

Et en effet, pourquoi Ciceron n'auroit-il pas compris ce que les Epicuriens, la plûpart fort bornez & incapables d'entrer dans les discussions fines (*a*), comprenoient

tum est, est autem dic-
tum non parum sæpe,
etsi satis clemens sum
in disputando, tamen
interdum soleo subiras-
ci. Ego non intelligo
quid sit ἡδονή *græcè, la-*
tinè voluptas *? &c.* De
Fin. 2. 4.

(*a*) *Vestri optimè dis-*
putant, nihil opus esse
eum qui Philosophus
futurus sit, scire litte-
ras. Itaque ut Majo-
res nostri ab aratro ab-
duxerunt Cincinnatum:
sic vos de Pelasgisom-
nibus colligitis bonos

dès le premier mot? Epicure parle d'une volupté dont tout animal, en naiſſant, a la connoiſſance par le ſentiment ſeul (a). Il en appelle aux témoignages de l'enfant qui vient de naître, de la bête brute, qui ſe porte par le ſeul inſtinct de la nature, à la recherche du plaiſir. La notion renfermée dans le mot de *Volupté* n'eſt donc pas une choſe ſi miſtérieuſe, ni ſi difficile à pénétrer.

Epicure avoit une excellente maxime: c'étoit de ne point employer un mot qui eût beſoin d'être expliqué par un autre. La ſeule qualité qu'il demandoit dans l'orateur, & à plus forte raiſon, dans le philoſophe, étoit la clarté. Il la pratiquoit lui-même: *Complectitur verbis quod vult; & dicit pla-*

---

quidem viros, ſed certè non pereruditos. Ibid.
(a) Cic. Liv. 1. de *Finibus.* Et Diog. Lacr. Liv. 10. Segm. 138.

nè, quod intelligam (a). Ses disciples la pratiquoient comme lui, & si bien, que Ciceron, qui avoit suivi avec Atticus, les leçons de Phédre & de Zénon, successeurs d'Epicure, déclare, qu'ayant eu souvent des discussions sur ces matieres, avec son ami, jamais il ne s'étoit agi du sens des termes, mais toujours du fonds même de la doctrine : *Neque erat unquam controversia quid ego intelligerem, sed quid probarem.* De Fin. 1. 5.

Et après tout, si les Epicuriens entendoient par le mot de *Volupté*, autre chose que ce qu'on entend ordinairement, ils n'étoient gueres habiles d'aller employer, dans un pays où ils avoient tant de rivaux & d'ennemis, une expression dont le sens, au moins équivoque, pouvoit donner prise à la calomnie. Qui les obligeoit, s'ils

(a) Cic. *de Fin. I.* 5.

avoient des idées pures & exemtes de tout reproche, de préfenter la vertu fous l'habit d'une courtifanne décriée ? *Quid enim necesse, tanquam meretricem in matronarum cœtum, sic Voluptatem in virtutum concilium adducere ? Invidiosum nomen est, & infamiæ subjectum* (a). Le feul nom fuffifoit pour les rendre fufpects.

Venons à la chofe même, & tâchons de pénétrer, s'il eft poffible, le fens énigmatique qu'on prétendoit donner à ce mot fameux. Qu'eft-ce que la Volupté ?

Epicure en diftinguoit de deux fortes : l'une qui confiftoit dans le mouvement, & l'autre dans le repos.

Dans l'une, l'ame agiffoit, ou plutôt recevoit des fens une impreffion agréable qui la remuoit, *jucundus motus in fenfu*. Dans l'au-

(a) *De Fin.* 2. 4.

l'ame n'étoit ni active ni passive : elle étoit seulement délivrée de la douleur, *doloris amotio*. Un homme altéré boit une liqueur fraîche & agréable ; il goûte la premiere espece de volupté : il a bu, & il est désalteré ; il goûte la seconde. Dans l'une, il a senti le plaisir ; dans l'autre, il ne sent plus le besoin.

C'est ce dernier état qu'il a plu à Epicure d'appeller souveraine Volupté, bien suprême, comble de félicité. En effet, on est heureux, quand on est content ; & on est content, quand on ne sent ni douleur ni besoin.

Mais il est nécessaire de reprendre la chose de plus haut.

Aristippe de Cyrène, qui, comme Epicure, renfermoit tout le bonheur de l'homme dans cette vie, avoit parlé sans détour, & fait consister ce bonheur dans la jouissance des sensations agréables.

Hiéronymus de Rhodes voyant que cette opinion pouvoit avoir, & qu'elle avoit eu effectivement des suites peu honorables à la Philosophie, crut qu'il devoit la modifier, en la réduisant à la cessation de toute douleur.

Epicure qui vint quelque tems après Aristippe & Hiéronymus, adopta les idées de ces deux maîtres, & se fit disciple du second pour les principes, & du premier pour les conséquences.

Mais la nature ayant reglé les besoins & les plaisirs de l'homme, de maniere qu'en se délivrant des uns, il jouit des autres; il est évident que ces deux opinions n'en faisoient qu'une sous deux faces. Aristippe altéré, buvant une liqueur fraîche, ne fût-ce que de l'eau, disoit : Je jouis du bonheur de ma Philosophie, parce que je ressens du plaisir. Epicure, dans le même cas, disoit : Je jouis aussi du bonheur de la mienne, parce que je me délivre de la douleur & du besoin.

La douleur, en général, n'est qu'un avertissement, ou un cri de la nature, qui se sent en quelque danger, & qui demande d'être secourue.

Quoique l'ame seule soit sensible, il y a pourtant douleur d'esprit, & douleur de corps.

La douleur d'esprit ne peut être que la crainte de l'avenir & le regret du passé.

La douleur du corps est le sentiment du présent.

La douleur du corps peut être de deux espèces : l'une qui s'appelle besoin, l'autre, maladie.

Les besoins du corps sont des espèces de maladies, dont les remedes sont agréables & faciles à la nature.

Les maladies sont des especes de besoins dont les remedes sont le plus souvent désagréables, & quelquefois impossibles à la nature.

Pour être heureux il faut être délivré de toutes ces especes de douleurs (a).

L'homme sera délivré de la crainte de l'avenir, quand il saura qu'il n'a que faire aux Dieux, & que la mort n'est rien.

Il n'aura point de regrets du passé, quand il saura que le passé est irréparable, & qu'il est sans consequence.

On sait la recette d'Epicure pour les maladies & les douleurs. Si elles ne sont pas supportables, elles tuent; si elles ne tuent pas,

___

(a) *Augendæ voluptatis finis est doloris omnis amotio.* De Fin. 2. n. 3.

elles sont supportables (*a*) : d'ailleurs on est libre de quitter la vie quand elle est à charge.

Il ne reste donc plus qu'à examiner les besoins du corps, c'est-à-dire, les douleurs, dont les remedes sont agréables, & faciles à la nature : c'est de quoi il s'agit dans cet article.

L'homme consideré par rapport à ses besoins, peut être dans trois états (*b*), qui sont, l'état d'inquiétude ou du besoin senti ; l'état du mouvement, ou du remede qui s'applique au besoin ; & l'état du repos, ou du besoin satisfait.

Dans le premier état, le cœur se resserre & se rétrécit ; dans le second, il se dilate ; dans le troi-

---

(*a*) II. Part. Art. 2. Max. 4.
(*b*) *Sunt in natura rerum tria, unum cum in voluptate sumus, alterum cum in dolore, tertium hoc, in quo nunc quidem sumus.* Cicero de Fin. 2. n. 5.

sieme, il a son assiette naturelle: c'est-là qu'est le vrai bonheur.

Ecoutons maintenant les leçons du Philosophe.

Si vous êtes sans besoins, vous êtes aussi sans desirs. Si vous êtes sans desirs, vous êtes content; & par consequent heureux. Tâchez de vous maintenir dans cet état.

Si vous avez des besoins; leur objet est dans la nature, ou dans le caprice d'une vaine imagination. Vous voyez, sans qu'on vous le dise, qu'il faut renoncer à tous les besoins de fantaisie: c'est multiplier les chaînes & les douleurs de la vie, à pure perte. Mais si cet objet est dans les bornes & les loix de la nature; vous avez acquis, en naissant, le droit de vous y porter: cependant il faut encore distinguer.

Si cet objet vous est absolument nécessaire pour votre conservation; nulle loi ne peut vous empêcher de le poursuivre. La loi de votre propre conservation passe avant tout. Il n'est point d'animal qui puisse oublier l'intérêt de son être : voilà la régle générale. S'il ne vous est pas absolument nécessaire ; je vous conseille de vous en abstenir encore, & de le renvoyer avec les besoins de pure fantaisie.

Qu'Epicure prescrive ce régime philosophique à une ame paisible, dont les mouvemens soient doux, les idées pures & sans mélange ; on conçoit qu'il sera bien reçu, & pratiqué sans effort. Mais il n'étoit point nécessaire. Cette ame est saine, & n'a nul besoin des remedes de la Philosophie. C'est un homme malade qu'il faut guérir. La Philosophie est la médecine de l'esprit.

On lui propose donc un homme,

jeune ou vieux (car il veut qu'à tout âge on travaille à se rendre heureux (qui ait les besoins de la nature & ceux de l'imagination & même du caprice, & qui les ait à un degré violent. La cupidité enflammée a mis le trouble dans toutes ses facultez : la résistance & les combats n'ont fait que redoubler l'ardeur de sa fiévre. Guérissez-moi, s'écrie cet homme, adressant la parole à Epicure, je viens à votre école : on dit que vous possedez l'art de rendre l'homme heureux.

Rien n'est plus facile. Mais avant que de vous donner des préceptes, il faut vous donner des idées. Je ne serai pas long.

Votre état est un état de douleur. La douleur est le souverain mal, de même que la volupté est le souverain bien. Toute douleur est une affection désagréable de l'ame ou du corps. Toute volupté est une affection agréable du corps ou de l'ame. Je vais vous donner les principes généraux seulement : ce sera à vous-même d'en faire l'application à l'état où vous êtes.

Toute volupté est bonne en soi : toute douleur en soi est mauvaise. Mais la premiere est quelquefois précedée ou suivie de douleurs, & la seconde, quelquefois précedée ou suivie de volupté. Il faut donc user de prudence, & se conduire selon les régles que voici :

I. REGLE.

Embrasser la volupté qui ne tient à aucune douleur.

II. REGLE.

Rejetter la douleur qui ne tient à aucune volupté.

III. Règle.

Rejetter une volupté qui en empêche une plus grande, ou qui tient à une plus grande douleur.

IV. Règle.

Embraſſer une douleur qui délivre d'une plus grande douleur, ou qui tient à une plus grande volupté (*a*).

Voilà une balance que la Philoſophie préſente à la Raiſon, pour péſer les intérêts de l'homme, & le déterminer par le plus grand poids.

On pourroit demander à Epicure, ſi la raiſon de l'homme dont il s'agit, qui n'a pour contre-poids ni la crainte des Dieux, ni l'idée d'une ſeconde vie, peut uſer de cette prétendue balance dans l'état où il eſt. Son cœur eſt aux abois;

(*a*) Voyez la Lettre à Menécée.

l'objet de sa cupidité l'emporte ! il ne voit ni ne sent que lui ; & c'est dans ce moment de trouble & de délire, qu'on lui dit : Prenez la balance. Il la prend.

Sa douleur est occasionnée par le frein que la loi met à sa cupidité, & qui l'empêche d'aller à son objet, où elle trouveroit un plein repos.

Cette loi ne peut être que celle de la nature, qui concerne le bien particulier, ou celle de la société, qui fait le bien public. Si vous commettez l'homicide ; la société vous punit par le supplice. Si vous êtes intempérant ; la nature vous punit par la maladie. Si vous conservez un citoyen ; la société vous récompense, & cette récompense vous procure un moyen de bonheur de plus. Si vous êtes sobre & frugal ; vous serez sain, vigoureux & long-tems. Voilà tous les poids qu'Epicure met en opposition dans les bassins de sa balance. Ce sont les biens d'une part, & de l'autre les maux, de la nature & de la société.

Que fera l'homme malheureux par ses passions, qu'il décore des noms de besoins & de douleurs de la nature, souffrante en lui, sous le joug de la loi? Il voit enfin un rayon d'espérance qui brille à ses yeux. Il se récueille en lui-même, pour se faire l'application des principes de son nouveau maître ; & voici comme il raisonne.

Agité jour & nuit par les combats que se livrent en moi la nature & la loi, je souffre cruellement & sans relâche. La douleur est le souverain des maux: on vient de me l'apprendre. On m'a appris aussi que tout mon être est dans cette vie, & que nulle intelligence autre que la mienne, n'aura pitié de moi. Mon fort est donc dans mes mains.

Jusqu'ici j'ai sacrifié mon repos à une loi qui faisoit le repos des autres, & mon propre tourment. On vient de m'en montrer une autre qui est supérieure à celle que je suivois : c'est la loi de mon plus grand bien. J'y cours; & je vais trouver enfin mon repos dans la satisfaction de mes goûts & de mes penchans. Que peut-il arriver à un malheureux qui risque ? si ce n'est de ne plus être malheureux, ou peut-être même d'être heureux.

J'aurai à craindre la maladie ? Sera-t-elle plus cruelle que la torture que j'essuie depuis si long-tems ? La mort ? La mort n'est rien.

Je craindrai d'être reconnu par la société offensée, & d'être puni par elle ? Qu'est-ce que cette crainte de l'avenir, en comparaison du mal présent dont je me délivre;

& du bien, aussi présent, que je me procure ? Elle s'affoiblira de jour en jour par l'habitude : bientôt il n'en restera que de foibles ressentimens, qui ne reviendront que de loin à loin, & qui enfin ne reviendront plus. Combien y en a-t-il d'autres qui échappent, soit par l'adresse, soit par le crédit, ou par d'autres moyens ? Il y a à parier mille contre un, que je serai du nombre. Ainsi j'embrasse un bien présent, grand, & très-grand pour moi, qui ne tient qu'à une menace légère, éloignée, & qui le plus souvent reste sans effet.

Je suis découvert & puni ? Mais premierement, les larcins que je médite, ne sont pas dans le genre le plus odieux à la société ; ainsi la peine se réduira à quelque diminution d'estime dans l'esprit de gens à préjugez, que je méprise. Je serai dans le cas de l'animadversion publique? Mais elle ne fera sur moi que ce que la misere alloit faire, *quem metui moritura*. On m'ôtera la liberté? Un Philosophe sait la reprendre, quand il le veut. On me rendra la vie importune? L'étoit-elle moins avant ma transgression? J'aurai du moins cette consolation, que ce n'est plus par imbecillité que je suis malheureux. Qui m'empêchera de sortir du malheur, si je le veux, & d'aller dormir dans le néant? Faut-il plus d'effort pour aller au-devant de la mort, qui n'est rien, que pour l'attendre dans une prison, ou dans un lit? Mais ces terreurs sont vaines : je me cacherai dans la foule : on n'auroit jamais fait, s'il falloit nous punir tous (*a*).

(*a*) *Non oportet timidum aut imbecillo animo fingi, non bonum illum virum qui, quidquid fecerit, ipse se cruciet, omniaque*

En un mot, pour conclure : cet homme malheureux, par la pauvreté, par l'infortune, par la violence de ses passions, par toutes les conjonctures qui peuvent mettre le comble au malheur, n'a point de raison dans la Philosophie d'Epicure, pour sacrifier son bonheur actuel à la loi ; & il en a de suffisantes, même d'évidentes, pour sacrifier la loi à son bonheur.

Nous parlons d'un seul homme malheureux. Combien y en a-t-il qui n'ayent été, au moins pendant quelques momens de leur vie, dans ces situations critiques, où le joug de la loi les rendoit souverainement malheureux ? Quel motif pouvoit les retenir, s'ils étoient disciples d'Epicure ? La crainte

---

formidet ; sed omnia callidè referentem ad utilitatem, acutum, versutum, veteratorem, facilè ut excogitet quomodo occultè, sine teste, sine ullo conscio fallat. De Fin. l. 16.

d'être découverts ? C'étoit donc à ce fil si délié que tenoit leur vertu, cette vertu tant de fois comparée par les Poëtes aux rochers inébranlables au milieu des flots. Mais au moins il suit de-là que, si le sage Epicurien ne craignoit point de perdre les honneurs de la vertu, il n'y auroit rien de si injuste ni de si infâme, qu'il ne fît pour jouir des avantages du vice: *In magnis interdum versatur angustiis, ut hominum conscientiâ remotâ nihil tam turpe sit, quod voluptatis causâ non videatur esse facturus.* Cic. *de Fin.* Confiez à un tel sage un dépôt de vingt mille écus, dont il ait lui-même un pressant besoin; & croyez qu'il aimera mieux votre estime, que cette somme qui feroit son bonheur; ou qu'il la rendra à vos héritiers, si on vous trouve mort un matin.

On nous dira que Ciceron &

ceux qui le citent, sont bien éloignez de la pensée d'Epicure, à qui on suppose gratuitement des principes d'injustice & d'infamie ; qu'on devroit se souvenir, que plus haut on a dit, que toute sa volupté se réduisoit à la paix de l'ame & à la santé du corps; & que par conséquent, on devroit conclure qu'elle ne souffre point d'entreprises illégitimes, ni contraires aux dispositions de la société; sa volupté ne consistant point dans le mouvement, mais dans le repos.

Cette réponse, comme nous l'avons déja insinué plus haut, n'est qu'un retour de finesse & une vaine dispute de mots. D'abord, Epicure admet l'une & l'autre volupté. Diogène Laerce en convient (a), lorsqu'il marque la différence qu'il y a entre les Cyrenaïques & les Epicuriens. » Les

(a) Lib. 10. Seg. 136. édit. Vest.

» Cyrenaïques, dit-il, n'ad-
» mettoient point la volupté de
» repos: ils ne connoissoient que
» celle qui consiste dans l'action
» & le mouvement. Epicure ad-
» met l'une & l'autre. » L'Historien cite les livres du Philosophe
d'où il a tiré ce qu'il avance.

En second lieu, la volupté d'E-
picure n'est pas seulement une soif
appaisée, c'est une soif qui s'ap-
paise, *amotio doloris* (a). C'est un
mouvement de l'ame qui s'éloigne
du besoin & de la douleur, & qui
s'avance au terme où le besoin sera
satisfait.

L'homme placé entre la douleur & la volupté comme entre
deux termes, dont l'un est le principe de son mouvement, l'autre en
est la fin, ne peut faire un pas qui
ne leur soit également relatif, par
des rapports contraires. S'il fuit la
douleur, c'est toujours pour cou-

(a) Τῇ ἀλγοῦντος ὑπεξαιρέσει.

rir à la volupté; s'il court à la volupté, c'est toujours en fuyant la douleur, ou le défir qui cuit. De forte que, dans tous les mouvemens de fon ame, il y a néceffairement une double impulfion : l'une qui vient de la haine, l'autre de l'amour : deux refforts oppofez, dont la force, partie du même centre, fe réunit au même point, qui eft le bien être.

Epicure avoit fenti, quoique peut-être affez confufément, l'inféparabilité de ces deux principes qui n'en font qu'un fous deux faces. Préfentant tantôt l'une, tantôt l'autre, felon la différence des circonftances; devant fes ennemis, il ne parloit que d'écarter la douleur; devant fes amis, il convenoit qu'on ne pouvoit l'écarter fans caufer le mouvement du plaifir.

Cependant, pour ne point trop embrouiller les idées de fes difciples, il a fallu renoncer à cette politique dans ses Livres : & dire nettement ce qu'il entendoit par cette volupté. C'est ce qu'il a fait, surtout dans celui qui avoit pour titre, *Du Souverain Bien*. Voici ses paroles citées par Cicéron apostrophant Epicure : „ Pourquoi tergiverser ? „ Sont-ce vos paroles, ou non ? „ Voici ce que vous dites, dans „ le Livre qui contient toute votre „ doctrine sur cette matiere : car „ je ne ferai que traduire mot-à- „ mot, *ad verbum expressa*, de peur „ qu'on ne pense que j'invente.

„ Je déclare, dites-vous, que „ je ne connois aucun bien, autre „ que celui qu'on goûte par les sa- „ veurs, par les sons agréables, „ par la beauté des objets sur les- „ quels tombent nos regards, & „ par les autres impressions sensi- „ bles que l'homme reçoit dans „ toute sa personne. Et afin qu'on
ne

» ne dise point, que c'est la joie de
» l'ame qui constitue ce bonheur,
» je déclare, que je ne connois de
» joie de l'ame, que quand elle voit
» arriver ces biens dont je viens
» de parler, & dont la jouissance
» la délivrera de la douleur....
(a) Et quelques lignes plus bas:
» Tout ce qui suit, est dans le mê-
» me goût ; tout le Livre est plein
» des mêmes idées. Et *n*. 20 : Il
» ne s'est pas contenté de présenter
» le mot de Volupté, il a expli-
» qué ce qu'il entend par ce mot :
» ce sont les saveurs, le toucher
» des corps, les jeux, les chants,
» les beautez qui frappent la vûe.
» Est-ce que je mens ? Est-ce que
» j'invente? Qu'on me refute, je ne
» demande pas mieux ; car je ne
» cherche en tout que la vérité. Il
dit la même chose *De Finib*. 2 (b).

(*a*) Tusc. III. 18.
(*b*) Voyez Diog. Laër. *L. X. f.* 6. Athe- née 12. cap. 12. & surtout. Gassendi. *Tom. II.* 680.

Un témoignage si formel prouve bien, que selon Epicure, tout ne se réduit au silence de la nature que quand elle est satisfaite. Il ne s'agit dans ce monde ni d'honneur ni de probité que, comme de moyens dont le sage use pour se délivrer d'un mal, ou pour se procurer un plaisir. La vertu ne peut être elle-même que l'instrument de la volupté (*a*).

Pourquoi Epicure nous dit-il que quand la volupté ne peut point s'augmenter, elle peut se varier (*b*) ? Il est certain que le plaisir du repos, lorsque l'ame est pleinement satisfaite, après l'exécution entiere de son entreprise, ne peut plus s'augmenter : dans le repos parfait, il n'y a ni plus ni moins. Mais d'où vient que ce repos peut se varier ? si ce n'est

---

(*a*.) Diog. Laër. Liv. 10. f. 138.

(*b*) II. Part. Art. 2. Max. 18.

relativement aux espéces de mouvemens ou d'actions, qui ont précédé le repos. Ainsi les repos qui suivent la faim, la soif, la douleur, le désir de vengeance, sont différens dans leurs espèces; parce qu'ils sont à la suite de mouvemens différens. Ils supposent donc tous le plaisir d'action & de mouvement: *Jucundus motus in sensu.*

Epicure a fait plus: il a mis cette doctrine en maxime, lorsqu'il a dit, que si les voluptueux, ἄσωτοι, connoissoient des bornes dans leurs plaisirs, & qu'ils n'eussent à craindre ni les Dieux ni la mort, leur état pourroit être celui du sage: *Nihil haberem quod reprehenderem* (a).

Le voluptueux Epicurien ne craint ni les Dieux ni la mort. Il n'a donc plus d'étude à faire que pour connoître les limites & en

(a) Max. 12. II. Part. Art. 2.

éviter le choc. C'est, où l'Epicurien a besoin de recourir aux leçons de la Philosophie, pour apprendre les régles de la volupté: *Hoc loco discipulos quærere videtur (Epicurus) ut qui asoti esse velint philosophi ante fiant.* Cic. de Fin. C'est le bien être seul, le plaisir, en un mot, la Volupté qui regne. Les passions tirent son char: les vertus empressées n'ont d'autres fonctions que d'en graduer, avec art, les mouvemens, & de les mener jusqu'au point précis où commenceroit le dégoût, c'est-à-dire, le pressentiment de la douleur. Ou si on aime mieux l'idée de Cléanthe: qu'on imagine un tableau où la Volupté parée comme une reine, soit assise mollement sur un trône, ayant autour d'elle, & à ses ordres, les vertus qui lui disent à l'oreille (si toutefois la peinture peut rendre cette expression) de ne rien hazarder qui puisse blesser les esprits, ou lui causer à elle-même quelque retour désagréable. C'est là le sublime de l'École. (a).

(a) *Cleanthes jubebat eos qui audiebant secum ipsos cogitare pictam in tabulâ Voluptatem pulcherrimo in vestitu & ornatu regali, in solio sedentem; præstò esse Virtutes ut ancillulas quæ nihil aliud agerent, nullum suum officium ducerent, nisi ut Voluptati ministrarent, & eam tantùm ad aurem admonerent (si modo id pictura intelligi posset) ut caveret ne quid perficeret imprudens, quod offenderet animos hominum, aut quidquam ex quo oriretur aliquis dolor. Cic. de Finib. II. 21.* C'est le sujet du frontispice de cet Ouvrage.

ARTICLE VI.

Idée des Vertus, selon Epicure.

« CEt homme qu'on accuse d'ê-
» tre trop livré à la volupté, Epi-
» cure, n'a de voix que pour crier
» qu'on ne peut vivre heureux sans
» être prudent, honnête & juste,
» ni être prudent, honnête & juste
» sans être heureux (*a*). C'est un
Epicurien qui parle ainsi dans les
ouvrages de Ciceron.

Les disciples d'Epicure croient
que tout est dit pour la justification
de leur maître, quand ils ont cité
cet apophthegme, & quelques au-

___

(*a*) Clamat Epicu-
rus, is quem vos nimis
voluptatibus esse dedi-
tum dicitis, non posse
jucundè vivi, nisi sa- pienter, honestè, jus-
tèque vivatur, nec sa-
pienter, honestè, justè,
nisi jucundè. Cic. de
Fin. 1. n. 18.

tres semblables. Mais en considérant les choses de près, ces discours spécieux ne détruisent aucunes des conséquences qu'on reproche à leur sistême.

Toutes les Sectes philosophiques, considérées par rapport aux mœurs, se réduisent à deux: dont l'une détruit l'ame avec le corps, l'autre fait l'ame immortelle, & susceptible, après cette vie, de peine ou de récompense.

L'ame est censée détruite, quelque chose qu'elle devienne, quand elle perd le sentiment d'elle-même, qu'elle ne sent plus l'intérêt de son être particulier.

Qu'on arrive à cette conclusion finale, directement, ou par des circuits, par l'Epicureïsme, ou le Matérialisme, par le Stoïcisme, par le Stratonisme, par le Spinosisme, par l'Athéïsme, tous ces moyens sont à peu près indifférens, toutes ces sectes, au point de réunion, font cause commune. Qu'importe que l'on fasse les atomes sans qualitez, ou qu'ils soient feu, air, & eau, avec un mouvement direct ou oblique, perpendiculaire ou déclinant, raréfiant, condensant, dans le plein ou dans le vuide, &c? Qu'importe qu'on anéantisse les corps pour ne laisser que les phénomenes, ou qu'on ne laisse qu'une substance générale & unique, physiquement indifférente à toutes formes, & dans laquelle se perdent tous les êtres particuliers? Toutes ces opinions ne font que des erreurs diverses, de gens qui vont au même but.

Ils conviennent tous que leur être est tout entier dans cette vie, & que leur bien-être est dans la satisfaction, ou le repos de l'ame; enfin que ce repos ne peut être l'ouvrage que de la vertu.

Il faut que la vertu soit bien gravée dans la constitution même de l'homme, puisque nulle Morale, quelle qu'elle puisse être, n'a jamais pû se soutenir sans elle (*a*)!

Mais qu'entendent ces Philosophes par le mot de vertu? Le sacrifice d'un moindre bien présent à un plus grand bien avenir, attendu dans cette vie.

Soyez juste, s'écrie Epicure, de peur qu'on ne vous dépouille vous-même par la loi du talion, ou que la Société, dont vous êtes membre, ne vous punisse. Voyez à quels retours fâcheux tels & tels ont été exposez, pour avoir voulu être heureux par l'injustice. Il faut plier ou rompre sous la loi; parce

―――――――――――

(*a*) *Eo libentiùs Epicuri dicta commemoro, ut istis, qui ad illa confugiunt, spe malâ inducti, qui velamentum seipsos suarum vitiorum habituros existimant, probent quocunque ierint, honestè esse vivendum.* Sen. Ep. 21.

que tôt ou tard, elle est la plus forte (a).

Soyez prudent, sans quoi vous serez duppe, & bientôt victime. La prudence consiste à ne pas prendre l'ombre pour le corps, en fait de bonheur ou de malheur.

Armez-vous de force & de constance, pour être prêt à tout événement : cela dépend de vous, il est essentiel de le croire : le découragement ne fait que doubler les maux de la condition humaine.

Enfin soyez tempérant & modéré en tout. La nature a marqué les bornes où il faut vous arrêter, pour votre propre intérêt. Elle ne nous a point donné le ventre du bœuf, ni le cou du chameau, ni l'estomac de l'autruche. Il faut donc vous soumettre à ses loix, user de ses présens, & vous arrêter au nécessaire.

(a) Voyez II. Part. Art. 2. Max. 34. & suiv.

Si nous étions nez comme les autres animaux, dont les idées font renfermées dans les bornes du préfent & du befoin réel, ces efforts de vertu nous feroient inutiles: nous n'aurions qu'à nous laiffer aller au courant des impreffions reçûes. Mais l'impétuofité & l'étendue de nos penfées emportant notre cœur au-delà du but de la nature; & quelquefois notre cœur trop lâche reftant endeçà, c'eft une néceffité d'ufer de mords & d'éperon: point de bonheur pour l'homme fans la vertu.

Ce difcours étonne ceux qui croient que la vertu ne peut être fans la Religion & le refpect de la Divinité. Ils demandent fi cette vertu eft bien vraie & bien réelle; fi elle va jufqu'au cœur.

On leur répond avec confiance, qu'il n'eft pas permis d'en douter. Et en effet, dit-on, fi cette vertu étoit fauffe, elle ne feroit qu'un faux bonheur. Il faut donc que ce foit une vertu franche & fincere, qui porte fon empire jufqu'aux penfées les plus fecretes, jufqu'au germe du défir defordonné; dont la fourde activité fuffiroit pour fapper les fondemens du bonheur, & ôter au Philofophe tout le fruit de fa Philofophie.

Mais fi cela eft ainfi, permettez, Epicure, qu'on vous demande à vous & à vos fectateurs, la raifon qui vous empêche de pratiquer cette même vertu par des principes plus rélevez, que celui de votre bien-être en cette vie ? Car voici un raifonnement qu'on peut vous préfenter en paffant : nous reviendrons après à l'examen de vos principes de vertus.

Quoique fans Dieu & fans loi, vous convenez que vous n'en êtes pas moins obligez, pour votre propre conservation & pour votre repos, d'être vertueux: c'est-à-dire d'être justes, prudens, modérez, armez de force & de constance, & d'avoir jusques dans le cœur, le fond & le principe essentiel de ces vertus; de peur, dites-vous, que la nature ne vous punisse par l'inquiétude intérieure, & par la révolte des passions. Si cela est: qu'auriez-vous de plus à faire sous la loi de la Providence? Que vous en coûteroit-il de faire ce que vous faites, parce qu'une Intelligence, qui veille à votre conduite & à votre conservation, l'exigeroit de vous pour votre propre bonheur? Car, encore une fois, vous êtes vertueux, vous l'êtes réellement: vous nous l'avez dit, & un Philosophe ne ment point. Qui vous empêche de joindre aux motifs que vous avez d'obéir à la nature pour votre santé, à la police pour votre sûreté, celui d'obéir à une Divinité pour l'assurance de l'avenir, contre lequel après tout, vous n'avez point de démonstration géométrique? Que risquez-vous? Il n'y a que la vertu qui coûte. Dès que vous la pratiquez si bien, & dans tous ses points; un motif de plus, qu'on vous donne, doit vous prêter des aîles, plutôt que de vous arrêter dans votre course.

Refuserez-vous de faire avec plus ce que vous faites avec moins? Ce refus, sans raison, ne seroit pas digne d'un Philosophe.

Direz-vous qu'en vous délivrant de toute crainte des Dieux, vous espérez vous dédommager par des transgressions secretes? Vous nous avez donc trompé, quand vous nous avez assuré que votre vertu étoit vraie & entiere.

Mais non : nulle Philosophie ne permet ces transgressions, ni ne les avoue.

Reclamerez-vous les droits naturels d'user de votre corps, de votre intelligence, de votre volonté, de votre liberté, des plaisirs de cette vie, dont nos Modernes affectent de dire que la Religion demande le sacrifice, plus que la Philosophie.

Mais 1°. c'est une allégation fausse. La Religion par elle-même, n'exige rien de contraire à la santé, ni à la vigueur du corps (*a*); & la Philosophie demande par elle-même, la retenue, la sobriété, la tempérance, aussi-bien que la Religion (*b*).

(*a*) Pour que notre raisonnement soit juste, il n'est pas nécessaire que la Philosophie porte la vertu aussi loin que la perfection chrétienne.

(*b*) La première idée, dit Bayle, qui se présente à ceux qui veulent examiner l'état d'irreligion, est

20. Le sacrifice de nos lumieres naturelles, sur ce qui concerne les causes primitives, est-il un si grand sacrifice ? J'en appelle à la bonne foi des Philosophes qui ont étudié l'histoire de l'esprit humain. La Religion ne nous ôte pas une de nos connoissances utiles & réelles. Elle affermit celles qui sont chancelantes, & nous en donne que nous n'aurions pas sans elle : son flambeau s'allume, où celui de la raison s'éteint. De quoi

l'idée d'une liberté fort heureuse, selon le monde, dans laquelle on satisfait tous ses desirs sans aucune crainte, sans aucuns remords. Cette idée s'enracine si avant dans l'ame, & en occupe tellement la capacité, que si quelqu'un nous vient dire que l'état d'un homme pieux n'est point comparable, en fait d'avantages temporels, à celui d'un Epicurien, nous rejettons cela comme un mensonge très-absurde ; & cependant ce mensonge prétendu a de son côté une foule de raisons très-fortes, comme Plutarque l'a fait voir. *Diction. au mot* Epicure. *Remarque R.*

se

se plaint-on ? La raison ne comprend rien aux mysteres ; cela est vrai : mais elle voit évidemment que Dieu peut communiquer à l'homme la connoissance de certaines véritez, sans lui en communiquer les démonstrations. Si elle pouvoit en douter ; on la rappelleroit à toutes ses connoissances naturelles, qui sont à peu près dans le même cas. Le Philosophe sait-il ce que c'est que la lumiere qu'il voit, l'air qu'il respire, la terre qu'il foule de ses pieds, le feu qui lui donne la vie ? Connoît-il l'art du germe de la moindre plante, du moindre vermisseau ? Tout est mystere pour lui dans les choses qu'il voit, qu'il touche, dans lesquelles il existe ; & il se câbre, lorsqu'il ne comprend pas l'infini.

La volonté est captive sous la Religion ; il faut renoncer à ses penchans, à ses goûts.....

Est-ce que vous en auriez de ceux que la Religion condamne ? On vous demande si la Philosophie les approuve ? Qu'est-ce que la vertu, selon la Philosophie, même d'Epicure ? Une volonté subjuguée. Où irons-nous pour avoir cette liberté que nous demandons ? La nature sage, qui nous a donné les forces, a crû devoir les limiter, pour la conservation même de notre être. L'ordre public les a bornées encore, pour nous assurer notre bien-être. Que ferions-nous si nous avions les aîles de l'aigle & la force du taureau ? Il a fallu nous garotter les mains, le cœur, & l'esprit pour notre propre repos : cela est évident. Que doit faire le Philosophe, s'il est vraiment tel ? Se renfermer dans les limites, & se tenir toujours en-deçà, s'il craint de se heurter contre elles.

Il faudra donc renoncer à tout, se concentrer en soi-même, dire adieu à tous les plaisirs. C'en est fait....

On est fâché de le dire : tant d'objections décélent un intérêt sécret.

Plutarque a fait un Livre exprès pour prouver *qu'on ne peut vivre heureux en suivant la doctrine d'Epicure*. Un moderne, philosophe aussi profond, qu'ami sincere de l'humanité, a démontré qu'on ne pouvoit être malheureux avec la vertu (*a*). Enfin, voici un apologue, qui est vieux, mais qui fera voir, qu'il y a long-tems qu'on a répondu à ces difficultez, qu'on croit nouvelles.

« On raconte qu'Hercule em-
» barassé du parti qu'il devoit
» prendre en entrant dans le mon-

(*a*) La Théorie des Sentimens agréables, par M. l'E- vêque de Pouilly. *Chez David le jeune.*

» de, vit venir à lui deux femmes.
» L'une vêtue de blanc, avoit la
» taille déliée, des traits nobles :
» la pudeur régnoit dans ses yeux,
» la douceur & la modestie dans
» son maintien : toute sa personne
» étoit ornée par la décence & par
» la simplicité. L'autre, engraissée
» par une éducation molle, avoit
» plus d'apparence que de force.
» Sa taille toute artificielle, ses
» couleurs empruntées, ses yeux
» ouverts avec affectation, sa pa-
» rure recherchée, enfin, une étu-
» de continuelle de ses mouve-
» mens & de ses gestes annon-
» çoient un dessein formé de plaire
» & d'attirer les yeux. Celle-ci,
» plus empressée que sa compa-
» gne, se hâta d'adresser ces mots
» au héros : Jeune Prince, vous
» êtes embarassé, je le vois, de
» la route que vous devez suivre
» dans le cours de votre vie. Ayez

» confiance en moi ; je vous mon-
» trerai un chemin facile, par le-
» quel vous arriverez à tous les
» plaisirs, sans essuyer aucune pei-
» ne. Exemt de tous soins, exemt
» des fatigues de la guerre, vous
» n'aurez qu'à choisir les mets &
» les liqueurs qui seront de votre
» goût, ainsi que les autres objets
» qui pourront flatter vos yeux, vos
» oreilles, tous vos sens...... Si
» vous craignez que ces objets ne
» vous soient ravis ; je vous ensei-
» gnerai les moyens de vous les
» procurer sans efforts. Vous joui-
» rez du travail des autres, vous
» ne vous abstiendrez de rien,
» quand il vous paroîtra bon. Car
» c'est la puissance que j'accorde
» à ceux qui m'aiment : ils ont
» droit de tirer tout à eux. Com-
» ment vous appellez-vous, lui
» dit le héros ? Mes amis m'ap-
» pellent *la Félicité*, & mes enne-
» mis, *la Mollesse*.

« La Vertu parla à son tour ;
» mais d'un style bien différent de
» celui de sa rivale. Je ne veux
» point vous tromper, dit-elle au
» héros. Tout ce qu'il y a de beau
» & d'excellent dans la nature s'a-
» chete au prix de la peine & du
» travail. Les Dieux l'ont ordonné
» ainsi. Si vous voulez que ces
» Dieux vous soient favorables ;
» il faut leur rendre honneur. Si
» vous voulez être aimé de vos
» amis ; il faut leur faire du bien.
» Si vous voulez être honoré dans
» quelque Ville que ce soit ; il
» faut y être utile. Si vous vou-
» lez être admiré de toute la Gré-
» ce ; il faut la servir. Si vous
» voulez que la terre vous donne
» ses fruits ; il faut la cultiver. Si
» vous voulez défendre vos amis
» & votre patrie & vous venger de
» vos ennemis ; il faut apprendre
» l'art pénible de la guerre, &
»

» vous endurcir aux travaux ; en-
» fin, si vous voulez avoir un corps
» robuste ; il faut l'accoutumer à
» obéir à l'ame, l'habituer à la
» sueur & aux efforts laborieux.

Après ce discours, la Vertu fait observer à son Eleve, qu'outre la gloire & le plaisir d'avoir fait le bien, elle fait donner aux hommes, mais comme un surcroit seulement, les satisfactions mêmes que promet la Volupté; qu'elle les leur procure à meilleur titre & à un plus haut dégré; en un mot, que l'homme gagne plus de volupté qu'il n'en perd, quand il renonce à la volupté (a).

Rien n'empêchera donc celui qui est vraiment philosophe, c'est-à-dire, vraiment vertueux, de se soumettre à l'œil de la Providence : cette soumission ne lui ôtera rien de ce que la vraie Philosophie lui

(a) Xénophon Mém. Soc, lib. 3.

accorde, non plus que celle-ci n'ôte rien à la nature, quand elle ne demande que ses vrais besoins:

Non aliud natura, aliud sapientia, dicit. Juv.

Que la Nature soit la base de l'édifice, la Religion peut le couronner; & la Raison, placée entre les deux, obéissant à l'une, commandant à l'autre, sera le nœud de correspondance & de conciliation.

On nous a dit que l'Impie avoit besoin d'être vertueux pour son bonheur. Le Philosophe qui reconnoît la Providence, le sera de même pour le sien. Mais celui-ci aura des motifs pour l'être malgré la douleur & la mort; parce qu'il voit sa plus grande récompense au de-là de cette vie. Cet autre cessera de l'être toutes les fois que l'accomplissement de la loi lui coûtera plus dans cette vie, que la transgression; ou que, toutes choses égales, il lui rapportera moins.

S'il l'eſt encore, quoique la vertu exige plus d'efforts qu'elle ne rapporte de ſatisfactions : ce ne pourra être que par des raiſons étrangeres à ſon ſiſtême, & parce que ſes mœurs avoient eté faites par l'éducation, avant que la Philoſophie en eût vitié les principes. Car il agit ſans cauſe, & eſt dupe de ſa vertu, toutes les fois qu'un double ſalaire, quel qu'il ſoit, ne le paie point en cette vie, du ſacrifice qu'il a fait de ſon repos.

Le crime de toutes les ſectes qui tuent l'ame avec le corps, n'eſt donc point d'avoir permis le vice & négligé la vertu. Cette idée auſſi odieuſe qu'abſurde, eût été à Athènes une affaire de police plûtôt qu'une queſtion de Philoſophie. C'eſt d'avoir ôté aux paſſions leur frein & leur barrieres les plus eſſentielles : c'eſt d'avoir coupé à la vertu ſes nerfs;

de lui avoir ôté ses motifs & ses garans : c'est d'avoir mis tout le ressort moral des facultez humaines dans le bien-être personnel de la vie présente.

Si l'Epicurien se fait des amis ; ce ne sera que pour en tirer un profit usuraire : *L'amitié est une terre qu'on seme* (a). S'il est juste ; ce ne sera que pour sa propre utilité : il ne peut l'être contre lui-même (b) : *Le Sage est à lui-même sa derniere fin* (c). Il se gardera d'entrer dans les affaires publiques ; *parce que les honneurs sont toujours des charges* (d). Il ne voudroit pas même être Roi ; *parce que la couronne du repos vaut mieux que celle de la gloire* (e). Enfin, tirant parti de tout, il prendra sur les autres

---

(a) Voyez Max. 32.
(b) Voyez les Max. 34. 35, &c.
(c) *Sapientem omnia suâ causâ facere.* Cic. pro Sexto.
(d) Plut. adv. Col. 1125.
(e) Plut. adv. Col. 1125.

le plus qu'il pourra prendre, & ne laissera prendre sur lui que ce qu'il ne pourra défendre. *Et mihi res non me rebus.* Hor. « Ce n'étoit point ainsi, dit Plutarque, que se comportoient les Sages qui ont précédé Epicure. Parménide (*a*) a établi d'excellentes loix dans sa patrie, dont chaque année les Magistrats font jurer encore l'observation à chaque citoyen. Empedocles a fait faire le procès aux chefs d'Agrigente, qui étoient devenus tyrans & dissipateurs des fonds publics. Il a délivré son pays de la peste & de la stérilité, en faisant murer les gorges d'une montagne, par où le vent du midi se portoit dans les plaines. Socrate condamné, aima mieux mourir injustement, que de donner en fuyant, la moindre atteinte aux

(*a*) *Adv. Col.* 1126.

» loix. Mélissus se mît à la tête
» d'une flotte, & battit les Athé-
» niens. Platon a écrit des choses
» admirables sur les loix, & sur
» l'art de rendre les peuples heu-
» reux ;. mais ses leçons de vive
» voix étoient plus admirables en-
» core. Ce fut par elles que Dion
» mit sa patrie en liberté; que Pi-
» thon & Héraclide égorgerent le
» tyran de Thrace. Chabrias &
» Phocion, qui commanderent les
» armées d'Athènes, étoient dis-
» ciples de l'Académie. Il est vrai
» qu'Epicure envoya un homme
» en Asie pour maltraiter Timo-
» crate, & le faire chasser de la
» Cour, parce qu'il avoit offen-
» sé son frere Métrodore. Ce
» trait est conservé dans leurs ar-
» chives. Mais Platon a envoyé
» aux Arcadiens Aristonime, aux
» Ebéens Phormion, Ménédéme
» aux Pyrrhéens, pour régler les

» constitutions de leurs Etats. Eu-
» doxe a donné des loix aux Cni-
» diens ; Aristote à Stagire : ils
» étoient l'un & l'autre amis &
» disciples de Platon. Aléxandre
» demanda à Xénocrate ses con-
» seils sur l'art de regner. Celui
» que les Grecs d'Asie envoyerent
» à Aléxandre pour le déterminer
» à la guerre contre les Barbares,
» Délius d'Ephese, étoit de l'é-
» cole du même Platon. »

» Quand la conjuration de Zé-
» non, disciple de Parménide,
» contre le tyran Démicus fut dé-
» couverte, il fit voir que la doc-
» trine de son maître étoit un or
» pur, qui ne craint point l'épreuve
» du feu. Il fit voir que la douleur
» ne peut effrayer que les enfans
» & les femmes, ou les hommes
» qui ont un cœur de femme.
» Il se trancha la langue avec ses
» dents & la cracha au visage du

» Tyran. La Morale d'Epicure a-
» t-elle, je ne dis pas égorgé les
» Tyrans; à-t-elle produit, je ne
» dis pas un héros, un légiſlateur,
» un chef de nation, un miniſtre
» de quelque Roi, un défenſeur
» du peuple, un homme qui ait
» ſouffert pour la juſtice, qui ſoit
» mort pour elle; mais un homme
» qui ſe ſoit ſeulement embar-
» qué pour ſa patrie, qui ait fait
» pour elle la moindre dépenſe?
» Qu'on nous en cite un ſeul qui
» ait travaillé pour le bien public.
» Métrodore une fois en ſa vie fit
» un voyage de 40 ſtades (*a*) pour
» rendre un ſervice à un certain
» Mithra, officier du Roi Lyſi-
» maque. Epicure en écrivit des
» lettres à tout l'univers : c'étoit
» l'effort d'une vertu ſublime.
» Qu'auroient-ils dit, ſi, comme
» Ariſtote, ils euſſent rebâti leur

(*a*) Environ une lieue & demie.

» patrie ; & s'ils l'eussent, com-
» me Théophraste, remise deux
» fois en liberté ? Le Nil n'eût point
» produit assez de papier pout cé-
» lébrer tant de gloire.

» Mais, ce qui me paroît le
» plus insoutenable, ce n'est point
» que de tous les Philosophes ils
» soient les seuls qui ne fournis-
» sent point leur contingent à la
» société ; tandis que les Poëtes
» même, jusqu'aux comiques, plai-
» dent la cause du bien public &
» des loix : c'est que, s'ils parlent
» du gouvernement, c'est pour dé-
» fendre d'y prendre aucune part;
» s'ils parlent de l'Éloquence, c'est
» pour la mettre au rabais ; s'ils
» parlent de la Royauté, c'est pour
» vanter le bonheur de ceux qui
» vivent sous les Rois (a). Ils tour-

(a) Epicure étoit vraiement dans ses principes : La royau-té est le repos de tous par le travail d'un seul.

« nent en ridicule les Héros amis
» de la liberté & de la gloire » :
» Qu'étoit-ce qu'Epaminondas ? Peu
» de chose : un corps sans ame, une
» ame de bois (a), & encore n'avoit-
» il que l'écorce. Quelle mouche le pi-
» quoit pour aller courir comme un
» fou par-tout le Peloponése, tandis
» qu'il pourroit rester chez lui tran-
» quilement assis, la tête dans son
» bonnet ?

Nous laissons au Lecteur à juger lui-même si ce Discours de Plutarque est une vaine déclamation sans fondement, ou un exposé fidéle des conséquences d'un sistême qui ramene tout au bien être personnel dans cette vie.

Qu'on suppose en concurrence l'Epicurien avec l'homme qui reconnoît l'œil de la Providence : le premier a pour lui, non-seu-

_____
(a) Un homme qui | Ξυλίνων σπλάγχνων.
ne sentoit point: |

lement

-lement, les moyens légitimes qui font les talens; la capacité, les amis, les dehors de la vertu, les témoignages des honnêtes gens, *fas* ; mais encore le mensonge, qui ne sera point honteux lorsqu'il ne pourra être prouvé ; le parjure, qui, sans la Divinité, n'est qu'une ruse pour attraper les sots ; la calomnie qui tue, si elle pénétre, & qui laisse au moins la cicatrice, si elle guérit; enfin, il aura tous les moyens les plus violens, *nefas*; pourvû qu'il puisse s'assurer de l'impunité, soit par la force, soit par l'artifice; ou que les suites du mauvais succès de l'entreprise formée soient plus fâcheuses encore pour lui, que celles des mauvais moyens.

Qu'on suppose deux concurrens, persuadez tous deux des principes métaphysiques d'Epicure; tous deux adroits, tous deux puissans, tous deux également ardens, également pressez par la cupidité, par le besoin, par la douleur; on entrevoit le spectacle de tout ce qui peut rendre odieuse l'espece humaine. Qu'on mette deux Nations à la place des deux hommes; on a toutes les horreurs des siécles les plus barbares.

Mais, dira-t-on, la Religion empêche-t-elle ces horreurs dans les Nations où elle regne ?

Elle les empêche souvent : elle les condamne toujours. Et la Philosophie dont nous parlons, n'ayant, dans bien des cas, aucun titre pour les condamner, en fournit même pour les autoriser. Voilà les dangers de cette doctrine pour la société.

Il n'y a pas moins d'inconvéniens pour le particulier même; dont la vertu est peu assurée par les motifs d'Epicure.

Il n'est vertueux que parce qu'à sa vertu tient son être, & son bien être ; sans quoi la vertu ne vaudroit pas pour lui un denier percé (*a*).

L'intérêt de son être, s'il est bien convaincu de ses principes, est une foible garde. Que lui importe de vivre vingt ans de plus ou de moins ? On sait en François la maxime des voluptueux ; les Latins en avoient une pareille :

Mihi sex menses satis sunt vitæ, septimum orco spondeo (*b*).

Epicure n'a-t-il point dit que ce n'étoit pas par la durée qu'on devoit mesurer la vie, mais par la jouissance du plaisir (*c*) ? Le sage

(*a*) Cette expression est de Plutarque. Diogène Laërce dit qu'Epicure pensoit que c'est pour la volupté qu'on doit rechercher les vertus, & non pour elles-mêmes. *Lib. X. Seg.* 138.

(*b*) Cic. *L.* 2. *de Fin.*

(*c*) Lettre à Ménécée.

peut donc prendre sur son être, pour ajouter à son bien être.

Mais, s'il arrivoit qu'on se fût trompé dans le calcul de l'avenir, & que les plaisirs qu'on avoit cru devoir abréger la vie, ne la changeassent qu'en une longue douleur ; alors, l'Epicurien seroit livré à de cruels repentirs. Cette crainte ne suffit-elle pas pour l'attacher à la pratique constante de la vertu ?

Voilà donc l'unique frein de la passion. Ce n'est plus la mort qui épouvante l'Epicurien ; c'est la douleur qui y conduit par un chemin trop long.

Qu'est-ce que cette crainte, sur-tout pour un Epicurien, dans l'instant où domine déja l'avant-goût & le pressentiment de la volupté ? Presque tous les hommes s'y laissent prendre. Quelque amour qu'ils aient pour la santé

& pour la vie; quelque autorité qu'aient sur eux la raison, l'honneur, les loix qui punissent, celles qui récompensent, l'intérêt de la vie présente, l'espérance de la future; il en est peu qui ne chancélent devant le phantôme du bonheur, qu'ils croient voir dans la volupté. Et Epicure veut que la seule crainte d'une douleur qui peut suivre ou ne pas suivre le plaisir; d'une douleur, dont on peut se délivrer soi-même, si elle ne nous délivre pas assez vîte de nous, conserve la vertu dans sa pureté! Ce n'est point par amusement qu'on dispute en matiere si grave; & si on y va de bonne foi, on s'en rapportera à l'expérience & au jugement de ceux qui connoissent le caractere des hommes, leur sensibilité au bien présent, & leur peu d'inquiétude sur le mal problématique de l'avenir.

ARTICLE VII.

Partisans d'Epicure.

ON a recours aux autoritez pour justifier Epicure. Peut-on croire, dit-on, que, si les principes de ce Philosophe eussent été tels qu'on vient de les présenter ; tant de gens de bien dans l'antiquité, & parmi les modernes, auroient pris sa défense ?

Ciceron, lui-même, en plusieurs endroits de ses ouvrages, loue les Epicuriens pour leur droiture, leur probité, leur amitié réciproque entre eux (*a*). Il y a plus, Séneque, c'est-à-dire, un Stoïcien, qui, selon l'esprit de sa secte, devoit être l'ennemi juré d'Epicure, Séneque a fait son

(*a*) Ciceron ne parle que des hommes, & nullement de la doctrine.

apologie. « Je ne pense point,
» dit-il, comme la plûpart de nos
» Stoïciens, qui assurent que la
» secte d'Epicure est l'Ecole du
» vice : je dis seulement qu'elle a
» une mauvaise réputation; & j'a-
» joûte qu'elle ne la mérite point.
» C'est donc l'apparence qui trom-
» pe & qui inspire la défiance (a) ».

Que dirons-nous des modernes, de Philélphe, de Rhodiginus, de Volaterran, de Laurent-Valle, de Quévédo, de la Mothe-le-Vahier, de Sorbiere, &c. dont les uns disent qu'Epicure est de tous les anciens Philosophes celui qui a le plus approché de la vérité; & d'autres que c'est injustement qu'il a été attaqué & déchiré par ses

(a) *Non dico quod plerique nostrorum, sectam Epicuri flagitiorum magistram esse; sed illud dico : Malè audit, infamis est : & immerito..... Frons ipsa dat locum fabula, & ad malam spem invitat.* Lib. de beat. vitâ, cap. 13.

ennemis ? M. le Baron des Coutures a fait sur lui un Livre qui est un panégyrique. Enfin, on cite Gassendi, dont l'ouvrage est un chef-d'œuvre, & qui seul vaut tous les autres défenseurs de ce Philosophe calomnié.

On peut répondre en général, que les suffrages de tous ces Auteurs prouvent peu de chose ; parce qu'ils sont tous ou des Epicuriens secrets qui tâchent de justifier leur maître afin de se justifier eux-mêmes ; ou des savans, qui, ayant approuvé les idées d'Epicure sur certains chefs, les ont restraintes & modifiées, comme elles avoient besoin de l'être. C'est un édifice ruineux dont ils ont voulu conserver quelques parties, qui leur ont paru belles & fondées sur les vrais principes. Par exemple, ayant considéré avec attention la Morale qui ramene toutes nos actions au bien être particulier, ils y ont trouvé un fonds de vérité, dont il est difficile de se défendre quand on l'a approfondi (a).

Il est certain que les hommes qui ne sont instruits que par la nature, travaillent principalement pour se procurer la force, & par elle, la liberté & le repos.

Il n'est pas moins certain que toutes les vertus civiles, qui vont au bien de la société, ont en même tems une autre tendance plus forte & plus sensible vers le bien personnel, & que la plûpart des sacrifices faits au bien général, rapportent le centuple à l'amour particulier.

Qu'il y ait des impulsions subites, des traits de pure générosité, des vûes sublimes d'ordre & de grandeur, qui semblent épurées de

(*a*) Voyez Chap. 2.

toute espéce d'intérêts ; cependant, quand les Epicuriens soutiennent que tous ces sentimens élevez ont leur germe radical dans un certain amour de soi-même ; si, après les avoir entendus, on descend jusqu'au fond de son cœur, on y trouve quelque chose qui parle pour eux. Quel inconvénient que Dieu ait enchâssé, enveloppé le germe de la vertu dans l'intérêt de notre être, & que l'accomplissement de chacun de nos devoirs soit récompensé par quelque accroissement de bien être ?

Ce coup d'œil de la Morale, qui, quoi qu'on en dise, a été présenté d'une maniere plus marquée & plus nette dans la Philosophie d'Epicure que par-tout ailleurs, & qu'on pourroit concilier avec la plus sublime vertu, est ce qui a procuré des partisans à cette Philosophie : on a cru y voir une par-

D'Épicure.

tie du fiftême de la nature, dont la voix, lorfqu'elle eft diftinctement articulée & étendue, ne peut point tromper le cœur humain. C'eft le côté que Gaffendi a vu, & qu'il a fait voir à ceux auprès de qui il vouloit juftifier Epicure.

Mais à ce côté, il en eft un autre oppofé, & qui ruine dans la pratique, tout ce que ce fiftême préfente de féduifant dans la fpéculation : c'eft de n'avoir employé pour rien, dans ce plan de Morale, la Divinité, fans laquelle l'homme n'a plus d'appui, plus de garant, plus de reffort agiffant dans tous les cas.

Les Epicuriens en conviennent lorfqu'ils font l'hiftoire du genre-humain. » Dans le commence-
» ment, nous difent-ils, les
» hommes vivans comme les bê-
» tes, n'avoient d'autres régles

» que la volonté du plus fort :
Viribus editior cadebat, ut in grege taurus. Hor.
» Par l'expérience, on trouva qu'il
» seroit utile de faire des loix d'é-
» quité & de justice pour arrêter le
» brigandage & la licence. La so-
» ciété alors prit quelque forme,
» & commença à apprivoiser les
» hommes brutaux.

» Ce remede ayant paru insuffi-
» sant dans une infinité de cas se-
» crets, un Législateur plus profond
» & plus rusé que tous les autres,
» imagina les Dieux ; c'est-à-dire,
» des témoins, des juges, des ven-
» geurs, pour voir, peser & récom-
» penser le bien & le mal, ou dans
» cette vie, ou dans une autre (*a*).

Cet exposé purement Epicurien, est l'aveu le plus complet de ce qu'on reproche à la vertu d'Epicure. Son héros peut être brave, honnête, juste, modéré, quand

(*a*) *Plut. de Plac. L. 1. c. 7.*

il croit qu'on le regarde ; parce qu'alors le salaire est prêt, c'est-à-dire, l'estime, la considération, la confiance des autres hommes, qui sont pour lui autant de moyens de plaisir & de sureté. Mais quand on ne le voit plus ; toutes ces belles vertus s'évanouïssent. Elles sont une duperie, surtout, si les vices contraires rapportent plus de repos, plus de liberté, plus de moyens de bonheur, que les vertus.

On oppose l'autorité de Séneque, comme un bouclier impénétrable à tous les traits qu'on peut lancer sur Epicure.

Il est vrai que son apologie d'Epicure est précise & formelle ; mais il est à craindre que loin de justifier Epicure, elle ne donne des soupçons contre les Stoïciens. Veut-on s'arrêter un moment pour comparer ensemble ces deux sectes ?

Elles avoient un fond intérieur & un dehors apparent. Séneque nous l'a assuré, pour l'honneur d'Epicure. Que seroit-ce, s'il en étoit de même des Stoïciens, à la honte de Zénon?

Il est certain que pour les dehors, jamais sectes ne furent plus opposées.

Dans le Portique, on ne parloit que de Dieux & de providence des Dieux. Dans les jardins d'Epicure, on ne voyoit que des atômes, & leur concours fortuit pour former tous les êtres.

Là, les colonnes n'étoient frappées que des beaux noms de vertu austere, de justice universelle, d'amitié pure. Ici les échos ne répétoient que les noms de volupté, de plaisirs sensibles, de bien-être personnel.

Zénon regardoit les passions comme des monstres qu'il falloit étouffer. Epicure les voyoit comme des ressources qu'il falloit ménager.

L'un ne parloit que d'action, d'activité : il falloit être soldat, commerçant, magistrat ; en un mot, se livrer à la vie civile & aux occupations de service dans la société. L'autre vouloit qu'on laissât faire les sots, & qu'on se reposât à l'ombre de la sagesse ; ou qu'on ne se donnât de mouvement qu'autant qu'il en falloit pour assaisonner le plaisir du repos.

On voit par ce simple coup d'œil, combien il devoit y avoir de combats & de querelles entre les subalternes des deux écoles. Car, en fait de dispute, ils sont toujours plus braves que les chefs. Les Stoïciens étoient furieux par principes, croyant se battre pour la vertu. Les Epicuriens se fâchoient un peu moins, de crainte de se fatiguer. Mais ceux qui étoient à la tête des deux partis, rioient secrétement de ces demêlez, dont ils laissoient le petit honneur au peuple de la secte, pour lui tenir lieu de pâture, & l'animer à bien servir ses maîtres dans le besoin.

Séneque qui n'étoit point homme à passer toute sa vie dans une secte philosophique sans l'avoir approfondie & comparée avec les autres, avoit sans doute jeté un regard sur celle d'Epicure (*a*); & il y avoit saisi les traits de ressemblance avec la sienne, que le vulgaire n'y voyoit pas.

Epicure concevoit dans l'infinité de l'espace un nombre infini d'atômes, dont la masse, le mou-

---

(*a*) *Soleo enim & in aliena castra transire, non tanquam transfuga, sed tanquam explorator.* Sén. Epist. 2.

vement & la figure étoient les causes séminales de tous les êtres. Les Stoïciens concevoient un cahos immense, contenant tous les principes, & les raisons mécaniques des essences, & des natures qui se sont formées (a).

Selon ces derniers, les principes nageans d'abord dans le vuide, s'étoient rassemblez au centre de l'espace, y avoient formé les élémens, & ensuite le monde que nous habitons. Epicure en disoit autant de ses atômes : seulement il admettoit d'autres mondes que celui-ci, & vouloit que le vuide fût dispersé par-tout. Les Stoïciens ne l'admettoient que hors du monde ; afin, disoient-ils, que, quand le monde respiroit, il eût de l'espace pour s'enfler & s'étendre.

Il est vrai que Zénon faisoit

(a) Voyez Plut. de Plac. l. 7.

L

Dieu auteur du monde. Mais 1°. ce Dieu étoit corporel : c'étoit la partie la plus subtile de la matiere. 2°. Il étoit soumis au destin, ou à une nécessité qui contenoit en soi la raison de toutes choses (a). 3°. Il étoit l'ame de tout ce qui a en soi un principe de mouvement & d'activité. Epicure, en changeant les noms, avoit tout cela dans ses atomes, lesquels renfermoient en eux les principes naturels de toute activité, par leur pésanteur nécessaire dans le vuide, & de toutes formes, par leurs configurations inaltérables. Deux têtes bien organisées, qui en étoient à ces termes, pouvoient aisément se concilier sur ces deux points.

(a) *Eadem necessitas & Deos alligat : irrevocabilis divina pariter atque humana cursus vehit. Ille ipse omnium conditor ac rector scripsit quidem fata, sed sequitur: semper paret; semper jussit.* Senec. de Prov. c. 5. *Voyez* Bruk. T. 1. Hist. ph.

D'EPICURE.

Malgré la roideur & l'inflexibilité du destin, Zénon n'osoit dire que l'homme ne fût pas libre. Epicure ne le disoit pas non plus, malgré le mécanisme des causes motrices. Il n'avoit même inventé la déclinaison des atômes, que pour conserver la liberté & donner par elle quelque mérite à la philosophie : mais ce n'étoit que des mots de part & d'autre (a). Sèneque l'avoit bien vû.

Les Stoïciens faisoient grand bruit de la Providence : on croiroit, quand ils en parlent, qu'il s'agit d'une volonté éclairée, qui regle toutes choses à son gré : ce n'étoit qu'un mouvement spontané de la nature, une chaîne mobile tournant sur elle-même, & entraînant

(a) Rien de plus pitoyable que la méthode dont Epicure se servoit pour expliquer la liberté des actions humaines. *Bayle au mot*, Epicure. *Rem. V.*

L ij

avec elle la suite & l'ensemble de tous les êtres attachez irrésistiblement aux anneaux dont elle étoit composée (*a*). Cette même Providence s'appelle aussi fatalité, nécessité, hazard même, si l'on veut (*b*). Epicure devoit être content, à moins qu'il ne voulût disputer pour le plaisir de disputer.

Nous avons dit qu'Epicure avoit lié les mains aux Dieux, remettant aux atómes toute l'activité des causes. Séneque l'a fait de même, remettant cette activi-

(*a*) *Fatum est sempiterna quædam & indeclinabilis series rerum, & catena volvens semetipsa & implicans per æternos consequentiæ ordines, ex quibus apta, connexaque est.* A. Gell. *Noct. Att.* L. VI. c. 2.

(*b* *Vis illum fatum vocare? Non errabis.... Vis illum providentiam dicere? Rectè dices.... Vis illum naturam vocare? Non peccabis.... Vis illum vocare mundum? Non falleris. Ipse enim est totum quod vides, totus suis partibus inditus, & se sustinens vi suâ.* Sen. *Nat. quæst.* L. 2. c. 45. Voyez M. Brucker *Otii. Vindel*, p. 165.

té au destin, qui seul ordonne de tout, & applique les formes à la matiere (*a*) : mais hâtons-nous d'achever ce paralléle.

A la mort Épicure nous anéantit entierement, c'est-à-dire, qu'il rejette dans la masse universelle les élémens dont nous étions composez, & qu'il ne nous laisse aucun sentiment de notre être. Les Stoïciens nous accordoient quelques siécles de vie au-delà du trépas, pour purger l'ame de ses souillures, avant que de la replonger dans l'être principe. Pour Séneque, il paroissoit avoir peu de foi à cette seconde vie (*b*). Et après

___

(*a*) Dieu, selon les Stoïciens, est un feu subtil qui se revêt selon les loix du destin, de toutes les formes qui sont dans la nature. Plutarq. *de Plac.* I. c. 6. & c. 7. Diog. Laër. L. 7. Cic. *de Nat. Deor.* L. 1. Sen. *de Ben.* IV. c. 7. Bruk. *Hist. Crit.* T. 1. p. 931.

(*b*.) *Juvabat de aternitate animarum quærere, imo me hercule credere. Credebam enim facilè opinionibus*

tout, le monde des Stoïciens n'étoit que celui d'Héraclite, où tout se faisoit par des retours périodiques de raréfaction & de condensation. La substance la plus raréfiée étoit Dieu, la plus condensée étoit matiere. Les ames placées entre les deux extrêmes, prenoient l'ordre du destin pour monter ou pour descendre. Quelques routes qu'elles prissent, elles arrivoient toujours à un fleuve d'oubli. Or, c'étoit tout ce que vouloit Epicure.

Zénon avoit en horreur la volupté. Epicure en faisoit son Dieu. Mais tous deux vouloient arriver à l'ataraxie, à l'apathie, à l'euthy-

---

magnorum virorum, rem gratissimam promittentium magis, quam probantium, Epist. 102. Et dans l'Ep. 53. Fortasse (si modo sapientium vera fama est, recipitque nos locus aliquis) quem putamus periisse, præmissus est. Il parle clairement dans le Livre à Marcia. *Luserunt ista Poetæ: mors omnium dolorum solutio est & finis... non potest miser esse qui nullus est.* c. 19.

mie, à l'aponie, à l'aochlesie, à l'athambie, à l'acataplexie, à l'athyphie, c'est-à-dire en françois, au repos de l'ame :

Hic (Zeno) requiem præbet fessis in vertice summo.

Le Stoïcien sera heureux quand il sera indépendant de tout ce qui ne dépend point de lui ; quand il ne craindra ni les Dieux, ni la mort, ni la fortune, ni la douleur, & que par une pratique constante, il sera affermi dans ses principes, s'abandonnant au cours du destin, sans que rien l'étonne ni ne le frappe.

L'Epicurien sera indépendant, de même que le Stoïcien, & par les mêmes raisons (a). Il s'est dé-

(a) *Sed possunt hæc quadam ratione dici, non modo non repugnantibus, verum etiam approbantibus nobis (Epicureis). Sic enim ab Epicuro sapiens semper beatus inducitur : finitas habet cupiditates ; negligit mortem ; de Diis immortalibus, sine ulla metu, vera sentit : non dubitat, si ita melius*

livré de la terreur des phénomènes : la mort pour lui n'est rien; la douleur vive ne fait que passer; ou si elle dure, elle a des repos de compensation. Que le ciel tonne, que la terre tremble, que les ruines de l'univers tombent sur lui, il n'en sera point étonné, s'il est affermi dans ses principes:

Impavidum.ferient ruinæ.

Enfin, & c'est le dernier point de comparaison, ce bonheur suprême, ce repos immuable est l'ouvrage de la vertu, de la justice, de la prudence, de la force, & de la tempérance (*a*), c'est-à-dire, de ces habitudes pénibles à acquérir, qui rangent sous le joug de la raison tous les goûts & toutes les idées de l'amour pro-

fit, migrare de vitâ: his rebus instructus semper est in voluptate. De Fin. r. c. 19.

(*a*) Il faut observer qu'il ne s'agit point ici des faits, mais des prétentions de la philosophie.

pre mal entendu, & qui n'adoptent que celles qui, épurées au feu de la plus auſtere Philoſophie, placent la félicité de l'homme dans une ſphére ſupérieure à tout événement. « Non, dit Epicure, on ne
» peut être heureux ſans être ſage,
» honnête, & juſte ; & réciproque-
» ment, on ne peut être ſage, hon-
» nête & juſte, ſans être heureux. »

Il reſte à ſavoir ſi ces Philoſophies pouvoient fournir les principes de cette vertu. Ce point a été touché dans l'article précédent.

C'en eſt aſſez, je crois, pour faire voir la conformité des deux ſiſtêmes, & réduire à ſa juſte valeur l'apologie dont Epicure eſt redevable à Séneque : *Non eſt*, dit celui-ci, en parlant d'Epicure, *quod putes magnum quâ diſſidemus* (a). On peut voir ce qu'en dit Gaſſendi, *L. 2. De Vit. Epic. c. 6.*

(a) *De Conſt. Sap. c. 19.*

CONCLUSION DE LA I. PARTIE.

On peut juger maintenant si ce Philosophe & les autres ennemis de la Divinité ont atteint véritablement leur objet, qui étoit de rendre l'homme parfait & heureux, en renfermant tout son être dans cette vie.

Ils ont formé leur sistême d'irreligion, parce que dans les sistêmes religieux, ils ne pouvoient vivre en paix. Les Modernes parlent comme ont parlé les Anciens : » Leur ame partagée sans cesse » entre le penchant de la nature » & les loix sévéres de la Religion, » étoit livrée à des alternatives » continuelles, & à des intermit- » tences douloureuses. La Reli- » gion demandant sans cesse des » sacrifices, la nature voulant tou- » jours regner, ces deux forces » contraires déchiroient leur cœur » tour-à-tour, & le donnoient en

D'Epicure. 171

» proie à de cruelles variations, qui
» ne devoient finir qu'au milieu
» des terreurs d'une autre vie, dont
» l'état étoit inconnu ». Il a donc
fallu opter. Les Epicuriens modernes l'ont fait par des raisons toutes contraires à celles des Anciens.

Epicure avoit prétendu se mettre en liberté par l'étude approfondie de la nature. Il croyoit avoir découvert les vraies sources des êtres, & avoir vû, avec la derniere évidence, qu'il n'y avoit nulle Cause intelligente universelle ; c'étoit donc sur l'évidence qu'il fondoit son bonheur & son repos.

Les Modernes ont repris, & peut-être, avec moins de tort, les idées de Démocrite, qui disoit que la vérité étoit au fonds de l'abîme : *Veritatem demersam in profundo*. Le problême des causes leur a paru si compliqué, & si fort audessus des pensées de l'homme, qu'ils ont cru qu'on ne pouvoit leur faire un crime d'une ignorance qu'ils prétendent invincible : « Nous nous traînons, » se font-ils écriez, » dans des téné- » bres profondes que rien ne peut » percer. Cette fiere raison, dont » on fait tant de bruit, n'est qu'une » étincelle qui nous éblouit, & » qui l'instant d'après nous rejette » dans des ténébres plus noires. » Si c'est le hazard qui régle notre » marche ; c'est lui qui fait nos » crimes : il doit en porter la pei- » ne. Avant que de sacrifier, il » faut connoître des Dieux ».

Ainsi a parlé la Philosophie incrédule, tantôt présomptueuse jusqu'à la folie, tantôt timide jusqu'à l'imbécillité, & toujours se réfutant elle-même par la contrariété de ses pensées. Elle qui parle sans cesse du milieu, qui le conseille sans cesse, elle ne peut s'y arrêter.

Mais qu'elle prenne le parti de l'évidence des causes, ou celui de leur obscurité, elle doit toujours convenir que l'une est traversée de nuages assez épais, & l'autre, de rayons assez lumineux, pour ramener le doute pénible & l'intermittence douloureuse.

On a vu que la nature des atômes & du vuide, ou d'une matiere substance unique, n'étoit rien moins que démontrée; que les combinaisons des parties par le mouvement fortuit ou spontané, pour former les Dieux, l'ame, le sentiment, l'ordre des grandes & des petites parties de l'univers, étoient des misteres qui demandoient le sacrifice le plus dur & le plus complet des lumiéres naturelles. Le mécanisme peut bien rendre raison de quelques causes & de quelques effets secondaires, qui ressemblent à des causes conditionnelles ; mais, nul Philosophe dans ce siécle, n'a osé avancer que ce même mécanisme pût être jusques dans l'action des causes premieres. L'évidence ne peut donc rassurer l'Epicurien.

Il en est de même de l'obscurité. Tout est mistere dans la nature, *sacer est mundus* ; c'est-à-dire, que tout l'Intérieur des causes, dont l'homme n'est point chargé de mouvoir les ressorts, n'est point montré à l'homme, pour des raisons dont on peut rendre grace à la sagesse de celui qui a bien fait toutes choses. Mais dans le spectacle des effets, que d'objets frappans nous avertissent ; qu'une intelligence en prépare & en conduit tous les ressorts ! Sans parler des rapports de dessein qui sont sous nos yeux & qui brillent dans la composition & l'organisation du moindre insecte, pour sa propre conservation & pour celle de son espéce, qui peut expliquer par des principes mécaniques, pourquoi ces globes qui roulent sur nos têtes ne font pas tous réunis au même point central ? pourquoi, ne s'étant pas réunis, ils ne fuivent pas tous de femblables routes dans l'efpace ? pourquoi ils en fuivent fouvent de toutes oppofées, quoique dans le même tourbillon ? pourquoi ces aftres étrangers qui voyagent dans notre monde, n'y établiffent point leur demeure ? pourquoi ils y reviennent au bout d'une certaine révolution des tems, en contrariant, par une irrégularité réguliere, tous les mouvemens qui s'obfervent dans les tourbillons qu'ils traverfent ? En faut-il tant, je ne dis pas pour démontrer, nous n'avons pas befoin ici d'aller jufques-là, mais pour produire au moins des doutes dans l'ame de celui qui veut méconnoître l'action d'une Caufe libre & intelligente, & par conféquent, pour le rejetter dans le trouble & dans l'inquiétude, & lui faire perdre par-là le fruit de sa prétendue philosophie?

Ainsi difficultez de toutes parts. Il y en a de grandes dans la Religion; il y en a de plus grandes encore dans l'irreligion. Et comme par-tout il est évident qu'il faut refréner ses goûts, & se livrer à la pratique de la vertu, pour le bonheur même de cette vie; il s'ensuit que c'est toujours par la vertu qu'il faut commencer. Quand nos Philosophes la pratiqueront seulement autant que la Philosophie le demande, on a assez bonne opinion de leur esprit & de leur jugement, pour croire qu'ils descendront en eux-mêmes, & qu'ils sentiront la justesse de ces mots énergiques d'un Payen : *S'il y a des Dieux; les gens de bien ne doivent pas craindre la mort : & s'il n'y en a point; que font-ils sur la terre ?* Marc Antonin.

LA

LA MORALE D'EPICURE,
TIRÉE DE SES ÉCRITS.

SECONDE PARTIE,
CONTENANT LES PREUVES DE LA PREMIERE.

IL EST peu de sectes philosophiques dont nous ayons des monumens en si grand nombre & si autentiques, que de celle d'Epicure. Diogène Laërce nous a conservé quatre Lettres de ce Philosophe ; trois desquelles ont été écrites pour être le précis

M

de toute sa Philosophie : c'est-à-dire, de sa Physique particuliere, & de sa Morale (*a*) : car il ne vouloit point de Dialectique, ni de Métaphysique. Le même Historien nous a conservé quarante-quatre Maximes fondamentales : *maximè ratas sententias*, concer-

---

(*a*) " Epicure divise la Philosophie en trois parties : il nomme la premiere, Canonique, la seconde, Physique, & la troisieme, Éthique ou Morale.
" La Canonique est une espece d'introduction renfermée dans le Livre qu'il a intitulé Κανών ou la Régle. La Physique contient toute la théorie de la Nature, renfermée dans 37 livres & dans des Epîtres particulieres. La Morale, qui a pour objet ce qu'il faut fuir ou rechercher, est dans ses livres sur l'art de vivre, dans ses Epitres, & dans le livre sur le souverain bien, περὶ τέλους. Les Epicuriens ne veulent point de la Dialectique qu'ils croient inutile, disant pour raison, qu'un Physicien n'a besoin que de savoir le nom des choses. *Diog. Laër. L. X. Seg. 30.* Le Livre intitulé *La Régle*, contenoit les régles pour penser & pour parler.

nant la Divinité, la mort, les fins morales de l'homme, & les principes de ses devoirs: c'est la philosophie en aphorismes. Enfin, nous avons de lui le portrait du sage, ou le plan général de sa conduite, par rapport à lui-même, & par rapport à la société.

Lucrece vient à l'appui, quand il en est besoin, pour expliquer ou déterminer le sens du texte de son maître. Ciceron y vient aussi, de même que Plutarque, Clement d'Aléxandrie, Séneque, Lactance, Arnobe, & tous ceux qui ont combattu, ou défendu Epicure. Cependant, nous n'emploierons aucune de ces autoritez que comme commentaires, & seulement, lorsque le texte original, qui fait seul notre objet, aura besoin de ces éclaircissemens.

Nous allons présenter d'abord

la traduction de la troisieme Lettre, qui, contenant l'abregé de la Morale d'Epicure, doit être, par cette raison, la premiere de nos piéces justificatives.

Nous donnerons ensuite la traduction des Maximes, & celle du Portrait du sage, où on verra le concert de la doctrine & de la conduite de ces Philosophes.

La Lettre à Hérmachus, qui contient les dernieres paroles d'Epicure suivra ces trois morceaux, & sera comme le couronnement du portrait de la sagesse épicurienne.

Enfin, nous ajoûterons un extrait des deux Lettres à Hérodote & à Pythoclès. Quoique ces Lettres ne contiennent, la premiere, que la Physique générale, & une partie de la Physique particuliere d'Epicure, & l'autre, que la Physique des météores, elles entrent essentiellement dans notre plan, parce qu'Epicure n'a traité ces genres que relativement à la Morale & au bonheur de l'homme dans cette vie. *Omnium rerum naturâ agnitâ, levamur superstitione, liberamur mortis metu, non conturbamur ignoratione rerum, è quâ ipsâ horribiles sæpè existunt formidines. Denique meliùs morati erimus, cùm didicerimus quæ natura desideret.* C'est Torquatus, Epicurien, qui parle ainsi dans Ciceron (*a*) ; & qui répéte la même chose quelques lignes plus bas.

(*a*) *De Fin.* 119.

ARTICLE I.

LETTRE D'EPICURE
à Ménécée (a).

Diog. Laër. Liv. X. Seg. 122.—135.

» LA jeuneſſe, Ménécée (a), n'eſt
» point une raiſon pour différer
» d'embraſſer la Philoſophie, ni la
» vieilleſſe, pour ceſſer de la ſui-
» vre ; puiſqu'il n'eſt point d'âge
» où il ſoit indifférent de ſe pro-

(a) Cette Traduction a été faite d'abord ſur le texte de Gaſſendi, & enſuite revûe ſur celui de l'édition de Weſtein, corrigée par Meibom. Nous n'avons pas cependant toujours ſuivi les corrections de ce Commentateur. Il eſt néceſſaire que le Lecteur en ſoit averti.
Nous n'avons jeté au bas du texte de cette Lettre que des notes courtes, pour éclaircir quelques endroits qui nous ont paru n'avoir pas beſoin d'une plus longue explication ; renvoyant à la premiere Partie, les points plus importans qui ont beſoin de plus grands détails & de quelques développemens.

« curer la santé de l'ame. Dire
» qu'il n'est pas encore tems de
» se livrer à l'étude de la sagesse,
» ou qu'il n'en est plus tems, c'est
» dire, qu'il est trop-tôt, ou
» trop-tard, pour travailler à se
» rendre heureux (*a*). On doit
» s'attacher à cette étude quand
» on est jeune; afin qu'en vieil-
» lissant, on rajeunisse toujours
» par le souvenir agréable d'une
» sage conduite (*b*). On le doit

(*a*) C'étoit une question dans les Ecoles de l'Antiquité, de savoir si un jeune homme étoit digne disciple de la Philosophie. On entendoit par Philosophie principalement la partie qu'on nomme Morale. Il est certain que la plûpart du tems une jeune personne ne sent pas les beaux preceptes qu'elle entend. Sa santé, sa vigueur semblent la mettre au-dessus de tous les conseils. On n'apprend à économiser ses fonds, que quand on est presque ruiné.

(*b*). La sagesse de la conduite consiste, selon Epicure, à se procurer de grands plaisirs, à petis frais, & à éviter de grandes douleurs en sacrifiant de petits plaisirs.

M iiij

» quand on est vieux, afin d'avoir
» à la fin de sa carriere, la sécu-
» rité de la jeunesse, qui ne sait
» point craindre l'avenir.

» Il faut donc nous occuper de
» ce qui peut faire notre bien-être;
» puisque nous avons tout dans le
» bien-être, & que quand nous ne
» l'avons point, nous faisons tout
» pour y parvenir (*a*). Souvenez
» vous, Ménécée, de ce que je
» vous ai dit & recommandé sou-
» vent, & regardez-le comme la
» source & le principe du bonheur
» de votre vie.

» I. Mettez-vous d'abord dans
» l'esprit, que Dieu est un être
» immortel & heureux. C'est la
» notion commune que nous en
» avons tous (*b*). Gardez-vous

(*a*) S'il y a des cas où le crime est plus sûr que la vertu pour arriver au bien-être de cette vie, que devien- dra la vertu ?
(*b*) Voyez ci-après, art. 2. dans les déve- loppemens des Max. 25. 26. & 27. ce qu'E-

» donc de lui rien attribuer qui
» ne puisse s'accorder parfaitement
» avec son immortalité & avec son
» bonheur ; ou de lui refuser rien
» de tout ce qui convient à ce bon-
» heur inaltérable qui fait son es-
» sence (*a*).

» Oui, il y a des Dieux : l'évi-
» dence des idées nous le démon-
» tre (*b*). Mais ces Dieux ne sont

picure entend par *notion commune*.

(*a*) Epicure ne donne ces attributs à la Divinité, que parce qu'il les croit incompatibles avec la providence. *Voyez le Chap. 3. & la Max. 1.*

(*b*) Epicure entend par évidence des idées, non une notion claire & distincte d'un Etre infiniment parfait ; mais une image corporelle, détachée de la surface des corps divins, & qui traversant les airs, sans se rompre, vient par nos yeux, jusqu'à notre esprit. Image qui, selon Epicure, ne peut pas exister sans modele. Nous voyons quelquefois dans nos songes des géans, des figures collossales; donc il y a des modeles semblables, errans dans la nature. On a entendu des voix au loin, venant de ces modeles; donc ce sont des natures intelligentes. Ces mêmes apparitions se sont fai-

» point tels que la multitude les
» imagine, avec des attributs qui
» en détruiroient la nature.

» L'impiété n'est pas de nier
» l'existence des Dieux du vul-
» gaire ; c'est de leur attribuer ce
» que ce même vulgaire leur at-
» tribue (a).

» Aussi les idées qu'il s'en fait,
» sont-elles plûtôt des lueurs faus-
» ses que de vraies idées. Il croit

tes en différens tems & en différens lieux ; donc ces natures sont immortelles. Or ces êtres, géans, intelligens, immortels, sont des Dieux ; donc il y a des Dieux. Quelle est leur forme ? Humaine. Que font-ils de leurs membre ? Rien. Leur corps est-il solide ? Ce n'est qu'une vapeur circonscrite qui n'a que le trait, *Monogrammos Deos* : des Dieux grê- les (*Cic. de Nat. D.* 23.) Gassendi excuse Epicure, disant qu'il n'a erré que par ignorance, & non par malice ; *Videri illum ignorantiâ, non malitiâ lapsum fuisse. In Lib. X. Laër.* Il pourroit y avoir eu autant de l'un que de l'autre.

(*a*) Il veut dire que c'est une impieté de croire que les Dieux se fatiguent à recompenser la vertu, & à punir le vice.

» que les Dieux ont sans cesse l'œil
» ouvert sur les méchans pour les
» punir, & sur les gens de bien
» pour les récompenser, & jugeant
» des affections de la Divinité par
» celles de l'homme, il lui refuse
» les qualitez dont il ne trouve
» point le modéle dans l'homme.

« II. Faites-vous une habitude
» (*a*) de croire que la mort ne
» nous est rien : car le bien & le
» mal ne peuvent avoir lieu que
» par le sentiment. Or, la mort
» est l'extinction de tout sentiment
» (*b*).

« Avec ce principe, on sait user
» de cette vie mortelle : on ne s'a-
» vise point d'en attendre une au-
» tre pour jouïr ; & on renonce à

(*a*) Cette expres-
sion est remarquable.
C'est un endurcisse-
ment contre la crainte
de la mort, & non
une assurance fondée
sur la raison.

(*b* C'est ce qu'il fau-
droit prouver, & ce
qu'Epicure ni person-
ne ne prouvera ja-
mais.

» ce vain espoir de l'immortalité
» (a). Il ne peut même arriver
» rien qui nous rende malheureux,
» dès que nous sommes parvenus
» à ne pas regarder la perte de la
» vie comme un malheur.

» Mais, dira-t-on, la mort est
» toujours à craindre à cause du
» mal qu'elle nous fait, sinon
» quand elle est présente, du moins
» quand on la voit en perspective.

» Quand elle est présente, elle
» ne peut nous tourmenter en au-
» cune façon (b). Quand elle est
» absente & loin de nous ; il est
» évident que ce n'est pas elle,
» mais un vain phantôme de notre
» imagination, qui nous tourmen-

(a.) Cette maxime développée va loin, il est inutile d'en avertir.

(b.) C'est-à-dire, quand on est mort. Mais quand on meurt, & qu'on voit un avenir sur lequel Epicure ne donne point de démonstration qui aille au cœur ; on peut, on doit être fort inquiet, surtout, si on a vécu selon les principes d'Epicure.

D'ÉPICURE. 189

» te. Ainsi, la mort, ce mot qui
» fait frissonner le vulgaire, ne
» nous touche point, puisque tant
» que nous sommes, elle n'est
» point ; & que quand elle est,
» nous ne sommes plus. Ni ceux
» qui vivent, ni ceux qui sont
» morts, n'ont rien à craindre de
» la mort : ceux-là, parce qu'elle
» ne peut être avec eux ; ceux-ci,
» parce qu'ils ne peuvent être avec
» elle.

III. » Les hommes vulgaires
» craignent la mort, ou comme
» le plus grand des maux, ou
» comme la privation de ce qu'ils
» ont de bien dans la vie.

» Mais pourquoi craindre de ne
» pas vivre, puisqu'on n'est plus,
» pour sentir qu'on ne vit pas (a) ?

___

(a) C'est la réponse au premier membre de la proposition disjonctive. Le Texte de Meibom porte : *Le Sage ne craint point de cesser de vivre, parce qu'il ne pense pas*

» Ce n'est pas la quantité mais
» le goût qui fait le mérite des
» viandes. Il en est de même de
» la vie : ce n'est point par sa du-
» rée, mais par les satisfactions
» dont on a joui, qu'on doit en
» apprécier la valeur (*a*).

» Celui qui a dit que le jeune
» homme devoit apprendre à vi-
» vre heureux, & le vieillard à
» mourir content, me paroît avoir
» manqué de sens (*b*) : non-seu-
» lement, parce que la vie est
» toujours un bien désirable (*c*);
» mais encore, parce que le soin
» qu'on prend pour vivre heureux,

que ce soit un mal, & parce qu'il sait qu'il n'est pas le maître de prolonger sa vie, quand la nature la termine.

(*a*) C'est la répon̄se au second membre.

(*b*) εὔθης ἐςίν. Ce terme prouve qu'E-picure n'étoit pas ten-dre pour ceux qui ne pensoient pas comme lui.

(*c*) A cause des plaisirs qui l'accompagnent toujours apparemment. On en appelle à l'exemple de Philoctète. Voyez Cic. *de Fin.* II.

» & celui qu'on se donne pour
» être content de mourir, ne peu-
» vent être l'un sans l'autre (a).

» Un autre a dit encore plus mal-
» à-propos, que le premier bon-
» heur étoit de n'être pas né ; le se-
» cond, de rentrer dans le néant
» aussitôt qu'on a vû le jour (b). Si
» ce prétendu sage étoit bien per-
» suadé de sa maxime, que ne
» quittoit-il la vie ? car on le peut
» toujours quand on le veut. S'il
» plaisantoit, c'étoit un ſot, μα-
» ταιος : on ne plaisante point sur
» une matiere si grave.

» IV. Considerez l'avenir com-
» me une chose qui est à nous,
» & qui cependant, n'est pas à

(a) Parce qu'on ne peut être tranquille dans cette vie, que quand on est toujours prêt à mourir.
(b) Théognide, Non nasci longè op-timum, nec in hos scopulos incidere vitæ : proximum autem, si natus sis, quàm primùm mori, & tanquam ex incendio effugere fortuna. Frag. de Cic.

» nous (a) comme une chose que
» nous pouvons espérer ; mais sur
» laquelle il ne faut pas trop
» compter.

V. » Parmi nos désirs, il y en
» a de naturels, & il y en a de
» fantaisie. Parmi les désirs natu-
» rels, il y en a dont l'objet nous
» est nécessaire, & d'autres dont
» l'objet n'est que naturel, sans être
» nécessaire. Parmi ceux dont l'ob-
» jet est nécessaire, il y en a qui
» regardent notre bonheur, com-
» me de ne ressentir aucune dou-
» leur ; d'autres qui ne sont néces-

(a) *Comme une chose qui est à nous* : parce que nous pouvons y renoncer en nous donnant la mort.

Comme une chose qui n'est pas à nous : parce que la nature peut nous l'ôter malgré nous, en nous ôtant la vie. Il peut y avoir encore un autre sens : *Chose à nous*, parce que nous pouvons la régler par la prudence : *Chose qui n'est pas à nous*, parce que le hazard peut déranger ce que nous avons réglé.

» saires

» faires que pour l'entretien de la
» vie.

VI. Par la connoissance exacte
» de ces objets, on sait ce qu'il
» faut fuir ou rechercher pour la
» santé du corps & pour la paix
» de l'ame: deux choses qui cons-
» tituent tout notre bonheur. Car
» tout ce que nous faisons dans
» la vie se rapporte à ces deux
» points: corps sans douleur, ame
» sans trouble.

« Quand nous les avons atteints,
» il n'y a plus en nous de trouble
» ni d'agitations: l'animal n'a rien
» de plus à acquérir ni à rechercher
» pour compléter son bien-être.

« Nous ne ressentons le besoin
» du plaisir que quand sa privation
» nous cause quelque douleur.
» Dès que nous ne sommes plus
» remuez par cette douleur; nous
» n'avons plus de désirs (*a*).

(*a*) Ainsi la satis- | le comble de la vo-
faction des desirs est | lupté. Il n'est point de

« VII. C'est pour cela que nous
» avons dit, que la volupté étoit
» le principe & le terme du bon-
» heur de la vie : c'est le but es-
» sentiel où se porte notre nature :
» c'est son premier mobile, quand
» elle fuit ou recherche un objet :
» c'est elle qui est notre fin ; en
» un mot, c'est le sentiment, qui
» est la pierre de touche pour tout
» ce que nous appellons bien (a).

» VIII. La volupté étant natu-
» relle à l'homme, & en même-
» tems le premier de ses biens,
» elle porte en soi une raison
» pour n'être point embrassée sans
» choix.

« Il y a des cas où nous rejet-
» terons de grands plaisirs ; quand,
» par exemple, ils seront suivis de
» plus grandes peines. Il y en a, où

voluptueux qui en demande davantage. Voyez l'Art. 5. de la I. Part.

(a) Ὅς καιρὸν τῶ παθήματος ἀγαθὸς κρινον-τισ.

» nous embrasserons de grandes &
» longues peines ; quand elles se-
» ront suivies de plus grands plai-
» sirs.

« Ainsi, quoique tout plaisir
» soit un bien en soi, parce qu'il
» convient à notre nature ; il y a
» cependant des plaisirs qu'il faut
» se refuser. De même, quoique
» toute douleur soit un mal en soi;
» il y a cependant des douleurs
» qu'il faut embrasser. C'est à la
» raison à considérer la nature des
» choses, à peser les avantages
» & les inconvéniens ; & alors,
» selon les cas, nous nous abstien-
» drons du bon, comme on s'abs-
» tient de ce qui est mauvais ;
» nous embrasserons ce qui est
» mauvais, comme on embrasse
» ce qui est bon (a).

(a) Ceci peut ê-tre appellé la balance du plaisir. On repro-che à Epicure d'avoir trop peu chargé ses bassins. V. Ch. 6. I. Part,

« IX. Nous regardons la modé-
» ration, αυταρκεια, comme un
» grand bien : non pour nous faire
» une régle de nous contenter de
» peu ; mais afin que nous puis-
» sions nous y borner quand nous
» n'aurons rien de plus ; parce que
» nous sommes persuadez qu'on
» jouit d'autant mieux de l'abon-
» dance qu'on a le secret de s'en
» passer (a), & que nous savons
» d'ailleurs que le plaisir de la na-
» ture est à la portée de tous les
» hommes, & que celui de fan-
» taisie est de difficile accès. Les
» mets les plus communs nous
» procurent autant de plaisir que
» les viandes les plus succulentes,
» quand ils nous délivrent de la
» douleur attachée au besoin. Le
» simple pain, l'eau simple, sont
» des mets délicieux pour quicon-

(a) Voilà l'utilité & l'emploi des vertus.

» que attend le moment de l'ap-
» pétit.

« X. L'habitude de la frugalité
» nous donnera une santé vigou-
» reuse, & de l'agilité pour toutes
» les fonctions de la vie. Elle nous
» fera mieux goûter les repas
» somptueux, parce qu'ils seront
» rares (*a*) : enfin, elle nous met-
» tra en état de mépriser les coups
» de la fortune.

« XI. Quand nous faisons con-
» sister le souverain bien dans la
» volupté, nous ne voulons donc
» point parler des plaisirs grossiers
» que recherchent le luxe & la
» mollesse, comme on l'a inter-
» prété par ignorance ou par ma-
» lignité (*b*), ou comme l'ont en-

(*a*) Est-ce-là la vo-lupté de repos ? Si c'est elle ; il est évi-dent qu'on y arrive par la volupté de mouvement.

(*b*) Epicure se met ici en présence de ses ennemis, & n'offre que le côté favorable de son sistême. *Voyez l'Art. 5. I. Part.*

» feigné quelques Philosophes (a).
» Nous l'avons dit : tout se réduit
» à avoir le corps exemt de dou-
» leur, & l'ame exemte de trou-
» ble (b). Ni les festins somp-
» tueux, ni les liqueurs précieuses,
» ni les poissons exquis, ni la com-
» pagnie des femmes ne peuvent
» faire le bonheur de la vie (c).
» On ne peut attendre ce bonheur
» que d'une raison sobre, qui dicte
» le choix des objets qu'on doit
» fuir ou rechercher, & qui rejette
» les opinions qui portent dans
» l'ame la terreur & le trouble.

« XII. La prudence sera donc
» le premier appui de notre bon-
» heur : cette vertu préférable à
» la Philosophie même, vertu, la

(a) Les Cyrenaï-
ques.
(b) C'est-à-dire, délivrer le corps de ses besoins pressans, & l'ame de ses crain-tes.
(c) Il a raison : c'est l'appétit, & non le mets friand, qui fait le bon repas.

» mere des autres vertus, qui nous
» apprennent qu'on ne peut être
» heureux sans être prudent, hon-
» nête & juste, ni être prudent,
» honnête & juste sans être heu-
» reux. La félicité & la vertu sont
» deux sœurs qui ne se quittent
» jamais (*a*).

« Concevez-vous un mortel plus
» parfait que celui qui a des idées
» saines de la Divinité (*b*); qui
» ne craint aucunement la mort ;
» qui a saisi les fins de la nature ;
» qui sait que le souverain bien
» est facile à obtenir, que les
» maux qui nous ménacent sont
» de peu de durée, ou peu violens;
» qui ne croit pas à cette fatale
» nécessité, que quelques Philo-

(*a*) Toutes ces bel-
les idées sont vraies,
même dans le sistême
d'Aristippe. *Voyez
Art. 5. I. Partie.*

(*b*) C'est-à-dire,
qui croit qu'elle ne
se mêle point de ce
qui regarde les hom-
mes.

» sophes (a) ont fait maîtresse sou-
» veraine de notre sort ; qui est
» persuadé qu'il y a des choses
» qui dépendent soit de la fortune,
» soit de nous mêmes ; parce qu'il
» sait que ce qui est soumis à la
» loi de nécessité ne peut être di-
» rigé, que ce qui dépend de la
» fortune n'a nulle consistence, &
» que ce qui vient de nous, n'étant
» asservi à aucune autre puissance
» (b), il est sujet au blâme & à
» la louange.

« XIV. Il vaudroit encore mieux
» en croire les fables populaires
» touchant la Divinité, que de

(a) Il attaque indirectement les Stoïciens & les autres partisans de la fatalité.

(b) Si Epicure étoit mauvais physicien, il étoit encore plus mauvais métaphysicien. Il admettoit la déclinaison des atômes, pour sauver la liberté ; comme si cette déclinaison n'étoit pas aussi mécaniquement déterminée, dans son sistême, que le mouvement direct. Voyez le Diction. de Bayle, Art. *Epicure.*

» nous mettre sous le joug de cette
» fatale nécessité introduite par
» quelques Physiciens. Du moins,
» y a-t-il quelque espoir d'appaiser
» la colére de ces Dieux par un
» culte, quel qu'il soit : mais rien
» ne peut fléchir l'impitoyable né-
» cessité.

« XV. Gardez-vous de regarder
» la fortune comme une déesse.
» Les Dieux ne font rien au ha-
» zard ni sans conseil (*a*).

« Ne la regardez pas non plus
» comme une cause aveugle, qui
» livre témérairement aux hom-
» mes, non les biens & les maux,
» mais les grandes occasions de
» la vie, d'où dépend la chaîne de
» nos biens & de nos maux (*b*).

(*a*) Ils ne font rien du tout : mais s'ils faisoient quelque chose, ils ne le feroient pas au hazard.

(*b*) Il y avoit des gens qui croyoient que la fortune fournissoit à l'homme, au moins une fois pendant sa vie, un moment important qu'il

» Il vaudroit mieux être mal-
» heureux avec une conduite sen-
» sée & réguliere, qu'heureux par
» l'imprudence & la témérité. Il est
» plus beau de régir soi-même
» une entreprise que d'en laisser
» le soin à la fortune.

» Voilà, Ménécée, ce que
» vous devez méditer jour & nuit,
» seul & avec l'ami qui vous res-
» semble. Ces idées fondamenta-
» les établiront la paix dans votre
» ame. Jamais ni vos pensées du
» jour, ni vos songes de la nuit
» ne vous causeront de troubles;
» & vous vivrez comme un Dieu
» au milieu des hommes; car ce
» n'est plus ressembler aux hom-
» mes, mais aux Dieux, que de
» jouir sans cesse du repos des
» Dieux ».

Il est essentiel de saisir pour le bonheur de tout le reste de la vie. | C'est de-là qu'est venu l'emblême de la fortune.

ARTICLE II.

Maximes d'Epicure.

Diogen. Laër. Liv. X. Seg. 139-154.

C'EST une maxime (a) d'Epicure que le sage doit avoir des maximes, c'est-à-dire, des véritez réduites en propositions courtes & claires, pour servir de régle & d'appui à l'esprit incertain, quand il n'a pas le tems de discuter plus au long, le point qui lui fait difficulté.

Tous les disciples d'Epicure apprenoient par cœur ces maximes, qu'ils regardoient comme des oracles descendus du ciel, *cælo delapsas sententias* (b).

(a) Max. 24.
(b) *Quis enim vestrûm (Epicureorum) non edidicit Epicuri κυρίας δόξας, id est, quasi maximè ratas; quia gravissimæ sunt ad beatè vivendum breviter enunciatæ sententia.* Cic. de Fin. 2. n. 7.

Il y en a plusieurs qui sont claires par elles-mêmes, quelques-unes qui, ayant besoin d'être développées, l'ont été dans la premiére Partie, où nous renverrons. Il y en a d'autres auxquelles nous joindrons une courte explication ; d'autres enfin, dont le sens restera problêmatique & indéterminé, à cause de l'incertitude du texte, que les conjectures des commentateurs n'ont pû fixer.

I.

« L'Etre qui est heureux & immortel, n'a lui-même, ni ne cause à qui que ce soit, aucune peine. Il ne se fâche ni ne sait gré de rien : ces sentimens sont des marques de foiblesse » (a).

Epicure auroit pû ajouter que ce sont aussi des marques de connoissance, d'amour de l'ordre;

(a) Voyez la I. Part. Art. 3.

d'attention pour les gens de bien, de justice contre les méchans.

Qu'Epicure ait admis l'existence des Dieux ; qu'il ait frequenté les temples ; qu'il n'ait eu même aucune répugnance à se prosterner aux pieds des autels ; qu'est-ce que cela prouve, s'il est vrai qu'il ne regardoit les Dieux que comme de beaux tableaux qu'on admire, & qui ne sont bons à rien ? » Qu'est-ce qu'un sacrifice, dit » Plutarque, sans la présence de » la Divinité ? Une fête sans festin. » Et le prêtre qui sacrifie, qu'est- » il autre chose qu'un rotisseur & » un boucher ? 1. *Adv. Epic.* (*a*).

(*a*) *Novi ego Epicureos omnia sigilla venerantes. Quanquam video nonnullis videri Epicurum, ne in offensionem Atheniensium caderet, verbis reliquisse Deos, re sustulisse. Itaque in illis selectis ejus brevibusque sententiis, quas appellat Κυρίας δόξας, hæc, ut opinor, prior sententia est : Quod beatum & immortale est, id nec habet, nec exhibet cuiquam negotium.* De Nat. Deor. 1. 30.

II.

»La mort ne nous fait rien. Ce » qui est décomposé ne sent point, » & ce qui ne sent point ne nous » fait rien. Voyez I. Part. Art. 4.

III.

»La suprême volupté est la dé‑ » livrance de tout ce qui fait mal: » partout où il y a volupté, tant » qu'elle y est, il n'y a ni douleur » ni tristesse. Voyez l'Art. 5 I. Part.

Cette notion de la volupté n'est point selon les idées ordinaires: avoir un plaisir extrême, & ne souffrir aucune douleur, ne sont pas la même chose, quoiqu'en dise Epicure.

IV.

»Nulle douleur du corps ne dure » long-tems sans quelque interrup‑ » tion: si elle est au plus haut degré,

» elle finit bien-tôt: si elle dure plu-
» sieurs jours, elle a des momens de
» repos; les maladies qui durent ont
» des repos qui font plus de plaisir
» que la douleur n'a fait de mal. »

Ciceron donne cette recette en deux mots: *Doloris medicamenta Epicurea: si gravis, brevis: si longus, levis.* Si la douleur n'est pas supportable, elle tue: si elle ne tue pas, elle est supportable (*a*).

V.

» On ne peut vivre heureux, ἡδέως,
» qu'en suivant la prudence, l'hon-
» nêteté, la justice; ni pratiquer
» ces vertus sans être heureux: de
» sorte que celui qui n'est ni pru-
» dent, ni honnête, ni juste ne peut
» manquer d'être malheureux (*b*).

V I.

« Le pouvoir suprême qui nous

(*a*) *De Fin.* 2. 7. | (*b*) V, la I. Part. Art. 6.

» procure un moyen de sureté de
» plus, est toujours un bien, par
» quelque voie qu'on y arrive ».

Cette affreuse maxime, dit Meibom, n'avoit pas été prise dans son vrai sens par les interprêtes. C'est par cette raison qu'on ne peut point dire que Machiavel y a puisé sa détestable politique (*a*).

Epicure prétendoit que l'état naturel de l'homme étoit un état de guerre : *Homo homini lupus* (*b*).

VII.

» Il y a des hommes qui ont
» recherché l'éclat & le pouvoir
» de la fortune pour se procurer
» un moyen de sureté de plus. S'ils
» sont arrivez par-là au repos par-
» fait ; ils ont acquis le plus grand
» bien qui soit dans la nature :

(*a*) V. sa note sur Diog. Laër. pag. 662. (*b*) V. la Max. 34. & suiv.

» s'ils

D'EPICURE. 209
» s'ils n'ont pû y arriver, ils ont été
» grands à pure perte.

VIII.

» Nulle volupté n'eſt un mal par
» elle-même ; mais il y a tel objet
» qui, procurant des plaiſirs, procu-
» re de plus grandes douleurs (a).

IX.

» Si la volupé conſiſtoit dans
» la réunion de tous les plaiſirs
» que l'homme peut goûter, tant
» par le corps que par l'eſprit ; les
» voluptez ne diféreroient point
» entre elles. »

Gaſſendi donne un autre ſens
à cette maxime : « Si toutes les
» eſpeces de volupté étoient ſans
» ſuites fâcheuſes ; on pourroit ſe
» livrer à toutes ſans choix. »

Il eſt aiſé de juger de l'incertitude du texte par la diférence

(a) Voyez I. Part. Art. 5.

O

des sens qu'on lui donne (*a*).

X.

« Si les voluptueux trouvoient dans les objets qui leur procurent la volupté, le reméde à la crainte des phénomènes, de la mort, & de la douleur, & outre cela, les bornes que la cupidité doit se prescrire ; je ne trouverois rien à reprendre dans leur état. Ils seroient heureux par la volupté, sans douleur aucune, ni peine d'esprit (*b*). »

Ciceron a traduit ainsi cette maxime : *Si ea quæ luxuriosis efficientia voluptatum, liberarent eos Deorum, mortis & doloris metu, docerentque qui essent fines cupiditatum, nihil haberemus quod reprehenderemus.* De Fin. L. 2 (*c*).

___

(*a*) Voyez la longue note de Meib. Diog. Laër. 606.
(*b*) V. I. Part. Art. 5.

(*c*) Voici de quelle maniere M. le Baron des Coutures traduit cette maxime. » Si

D'EPICURE.

La Philosophie d'Epicure réduisant la sagesse & la félicité humaine à trois points : ne pas craindre les Dieux : ne pas craindre la mort : être exemt de douleur ; elle ravale la condition des hommes au-dessous de celle des bêtes. Car les bêtes, dit

» tout ce qui flatte les hommes dans la lasciveté de leurs plaisirs, arrachoit en même-tems de leur esprit la terreur qu'ils conçoivent des choses qui sont au-dessus d'eux, la crainte des Dieux, & les allarmes que donne la pensée de la mort ; & qu'ils y trouvassent le secret de savoir desirer ce qui leur est nécessaire pour bien vivre ; j'aurois tort de les reprendre, puisqu'ils seroient au comble de tous les plaisirs, & que rien ne troubleroit en aucune maniere la tranquillité de leur situation. »

M. le B. des Coutures, après avoir traduit ainsi cette maxime, trouve le moyen de la justifier : ce qui prouve bien ce qu'a dit Bayle dans ses Nouvelles de la Republique des Lettres, que M. le Baron a fait un panégyrique d'Epicure. Car dans un panégyrique, on ne laisse aucune tache sur la vie du héros qu'on célèbre, quoi qu'il en coute à la verité.

Plutarque (*a*), ont ces trois avantages d'une maniere bien plus parfaite que le sage même d'Epicure. Elles ont moins de douleurs ; parce qu'elles ont moins de besoins, moins de passions, moins de vices, moins d'imagination. Elles ne connoissent que l'instant présent, & sont stupidement, c'est-à-dire, profondément, tranquilles sur le passé & sur l'avenir. Elles ne connoissent ni les Dieux ni leur vengeance ; & leur ignorance brute sur cet article, assure mieux leur repos que les démonstrations Epicuriennes. Enfin, c'est vraiment pour elles que la mort n'est rien ; puisqu'elles ne la connoissent, ni quand elle est, ni quand elle n'est point.

D'où il suit que le sublime de l'école d'Epicure seroit de ramener l'homme, par un effort de

(*a*) Liv. 1. contre Col. p. 1092.

raison, au bonheur dont la nature a fait présent aux bêtes. Cette conséquence absurde est une des plus fortes démonstrations d'une Providence divine & d'une autre vie pour les hommes.

XI.

» Si nous n'avions point de soup-
» çons fâcheux à la vûe de ce qui se
» passe dans le ciel, ni d'inquiétude
» sur la mort, & que nous connus-
» sions les limites du besoin & de
» la douleur, la Philosophie nous
» seroit entierement inutile.

C'est le même sens que dans la précédente & que dans celle qui suit.

XII.

» Quand on est frappé des crain-
» tes qu'inspirent les fables du vul-
» gaire, on ne peut s'en délivrer
» que par l'étude de la nature : sans

» cette étude, point de plaisirs
» purs. » V. la I. Part. Art. 2.

XIII.

» Ce n'est rien de ne pas craindre
» les hommes, si on a quelque in-
» quiétude sur les causes qui sont
» au-dessus de nos têtes, ou dessous
» nos pieds, ou dans l'infini (a). »

XIV.

» Comme la tranquilité qu'on
» peut se procurer par le moyen des
» autres hommes ne va que jusqu'à
» un certain point ; il y a un art de
» s'en procurer une parfaite à soi-
» même : c'est de simplifier ses be-
» soins, de se dégager de beau-
» coup de choses, & de se conten-
» ter de peu. »

XV.

» Les richesses dont la nature est
» satisfaite, sont bornées : on les a

(a) V. I. Part. Art. 2.

» aisément. Les autres ne le sont
» point : on ne les obtient ja-
» mais. »

XVI.

» Le sage laisse peu de chose au
» pouvoir de la fortune. La raison
» & la prudence ont toujours gou-
» verné, & gouvernent ce qu'il y a
» de plus essentiel dans sa vie.

XVII.

« L'homme juste est le plus
» tranquille de tous les hommes.
» L'injuste l'est le moins » (a).

Neque stultorum quisquam beatus, neque sapientum non beatus : c'est Torquatus, Epicurien, qui parle ainsi dans Ciceron de Fin. 1. 1.

Les Stoïciens disoient la même chose, mais les Epicuriens croyoient être plus en droit qu'eux de le dire : *Multo hoc meliùs nos,*

(a) Ἐκ ἀδικία μετεχόντες τῶν κακῶν. Diod. Sic.

ac verius quàm Stoici. Ils pouvoient avoir raison.

XVIII.

« La volupté ne s'augmente point, quand une fois le besoin réel est satisfait. Elle ne fait plus que varier. » V. I. Part. Art. 5.

XIX.

» La perfection de l'ame quant au plaisir, est l'extinction de toute opinion capable de lui inspirer de la crainte. »

Les bêtes sont à ce point de perfection par leur stupidité : aussi n'ont-elles pas besoin de philosophie, comme Epicure.

XX.

« A en juger par la nature même du plaisir, qu'il soit fini ou infini en durée, il n'importe. »

S'il en est ainsi du plaisir qui est

d'Epicure. 217
le souverain bien ; il semble qu'il devroit en être de même de la douleur, qui est le souverain mal. Cependant, il faut convenir que plus la douleur dure, plus elle rend l'homme malheureux.

XXI.

« Si le plaisir du corps pouvoit être
» sans bornes, il faudroit un tems
» sans bornes pour le produire. »

Le sens & le texte de cette maxime sont également contestez. Nous avons suivi la leçon de M. Meibom aussi bien que dans celle qui suit.

XXII.

» Si l'esprit instruit des facultez
» limitées du corps, & délivré des
» craintes de l'éternité a fait de la
» vie un tissu aussi parfait qu'il pou-
» voit l'être, il ne désire point l'im-
» mortalité : il est heureux, lors mê-

» me que certaines circonſtances
» l'obligent de quitter la vie. Il ſait
» qu'il n'abandonne que quelques
» momens d'un tems incertain. »

XXIII.

» Celui qui connoît les vrais be-
» ſoins de la nature, ſait combien il
» eſt facile de ſe délivrer des maux
» de l'indigence, & de ſe faire des
» proviſions pour toute la vie. Il
» n'a ni combats à eſſuyer, ni
» efforts pénibles. »

Nul n'eſt pauvre de ce qui ſuffit, diſent Plutarque & Lucrèce : *Nec enim eſt unquam penuria parvi* ; maxime vraie & belle dans toute Philoſophie.

XXIV.

» Il faut bien connoître les fins
» de la morale, les avoir toujours
» préſentes à l'eſprit ; afin qu'on
» puiſſe y ramener ſes jugemens,

» sans quoi toute la vie sera pleine
» d'incertitude & de troubles. »

Peut-être qu'il s'agit dans cette maxime des principes de nos connoissances plus que de ceux des mœurs. Le sens n'en est pas aisé à déterminer.

X X V.

« Si vous rejetez le témoignage
» des sens, sans exception, vous
» vous ôtez à vous-même les
» moyens de réfuter les sensations
» que vous croyez fausses ; vous
» n'avez plus de régle, où vous
» puissiez ramener vos jugemens ».

X X V I.

» Si vous rejetez le témoignage
» de quelqu'un des sens, & que
» vous ne distinguiez pas entre les
» jugemens confirmez par l'expé-
» rience & les idées qui naissent sur
» le champ par les sensations, par

« les affections, par toutes les im-
» preſſions qui ſe font ſur l'eſprit;
» vous mettrez le trouble même
» dans les autres ſenſations *confir-*
» *mées :* il ne vous reſtera plus de
» moyens pour juger. »

XXVII.

« Si vous vérifiez toutes les
» ſenſations qui ont beſoin de l'ê-
» tre, & que vous n'en adoptiez
» aucune qui ſoit deſtituée de cette
» vérification, vous ſerez toujours
» ſur vos gardes lorſqu'il s'agira de
» prononcer. »

Le texte incertain de ces trois maximes, a été travaillé par tant de mains hardies, qu'il eſt preſqu'impoſſible d'en articuler le ſens avec netteté. Pour éviter un commentaire auſſi inutile qu'il ſeroit long, nous avons cru devoir donner l'expoſé du ſiſtême d'Epicure sur les sensations, tel que nous l'avons dans Diogene Laërce, L.X.seg.31.

Il y avoit dans l'antiquité deux opinions sur le témoignage des sens. Les uns prétendoient que les sens ne sont point faits pour nous rien apprendre des objets ; mais seulement pour nous instruire de leurs rapports avec notre conservation : c'étoit l'opinion des Ecoles de Platon & d'Aristipe (*a*).

La seconde assuroit que les sens sont destinez à nous faire connoître, non-seulement les rapports des êtres extérieurs avec nous ; mais encore, la nature même de ces êtres : que les sensations sont toutes essentiellement vraies, & qu'elles sont le point d'appui unique de toutes nos con-

___

(*a*) On peut voir le *Lucullus* de Ciceron & le Traité de M. Huet *De Imbecillitate mentis humanæ.* Et Malbranche, Liv. 2. de la Recherche de la Verité.

noiffances. C'eft l'opinion d'Epicure.

« Epicure dit dans le livre intitulé *la Régle*, que les fenfations, les notions communes & les affections font les juges de la vérité, *criteria*.

« Il dit d'abord, que toutes les fenfations font vraies (*a*). Il le prouve, 1°. parce que dans les fens, il n'y a ni jugement, ni mémoire (*b*). Ils ne fe meuvent pas eux-mêmes; & mûs par l'objet,

(*a*) C'eft Gaffendi qui ajoute cette propofition au texte de Diogene Laërce, comme néceffaire au fens. Voyez fon Comment. fur le X. Liv. *pag. 125.* Il ne s'agit pas ici de la verité de conformité; mais de la verité d'exiftence, à laquelle il n'y a point de fauffeté oppofée que celle du néant.

(*b*) Pour unir deux idées, il faut fe fouvenir de la premiere, & enfuite l'attacher à la feconde : or les fens n'ont point cette faculté : donc ils ne peuvent unir les idées; or où il n'y a point de liaifon d'idées, il n'y a point de faux; par la régle : *Abftrahentium non eft mendacium*. Donc...

» ils n'uniffent ni ne féparent les
» idées. 2°. Rien ne peut les con-
» vaincre de faux : une fenfation
» ne peut rien contre l'autre : parce
» que fi elles font dans le même
» genre, elles ont une autorité
» égale ; fi elles font dans un genre
» différent, elles n'ont pas le mê-
» me objet (a). Le raifonnement
» ne peut pas non plus les con-
» vaincre ; parce que lui-même il
» eft fondé fur les fenfations. En-
» fin, la vérité des objets fentis,
» prouve la vérité des fenfations.
» La vifion & l'audition exiftent
» comme la douleur : *or, la dou-*
» *leur, quand on la fent, eft toujours*
» *vraie, donc la vifion & l'audition le*
» *font toujours.* Il n'y a pas de diffé-

(a) Epicure parle de l'objet direct & immédiat : ainfi la vûe ne peut point juger la folidité, ni l'œil les couleurs, quoiqu'ils puiffent, l'un & l'autre, juger l'étendue, qui tient à la folidité & aux couleurs : *V. Lucr. L. IV. v.* 480.

224 LA MORALE

»rence entre être vrai & exister (a).

« C'est par la connoissance de
» ce qui paroît, qu'on doit arriver
» à la connoissance de ce qui ne
» paroît point. »

« Toutes les idées naissent par
» les sens (b), soit par une percep-

(a) Cette derniere proposition a été ajoutée par Gassendi, pour une plus grande clarté. Mais il peut se faire qu'elle altere le sens d'Epicure. Gassendi veut pour la justification d'Epicuré, qu'il ne s'agisse ici que de la verité d'existence. Il y a apparence qu'Epicure confond les deux. Il parle de la verité qui se trouve, lorsqu'on juge si une chose est ou n'est pas, si elle est de telle ou de telle maniere, de la verité, en vertu de laquelle il sera jugé bien ou mal, c'est-à-dire, que tel objet est un cheval ou un bœuf. Or cette verité est la verité de conformité.

(b) Ciceron a rendu ainsi ce principe. *Quidquid animo cernimus id omne oritur à sensibus.* Et Aristote ἄνευ φαντάσματος οὐδὲν ἐστὶ νοεῖσθαι. Democrite avoit employé l'expression de *Table rase*. Ce principe est une des plus vieilles découvertes de la Philosophie. Il suppose faite l'énumération des parties, laquelle rempliroit un gros volume si nous l'avions. Les Anciens étoient bien capables, aussi bien que nous,

» tion

D'EPICURE. 225

»tion directe», (*comme l'idée d'un homme qu'on voit*), »soit par analogie, (*comme quand on imagine un géant ou un pygmée*), » ou par similitude, (*comme quand on imagine une ville qu'on n'a pas vue*), »enfin, par composition,» (*comme une montagne d'or, une bête à trois têtes* (a).

« Les phantômes qui occupent les »fous, & les animaux dormans, »sont vrais; car ils meuvent; & »ce qui n'est point ne meut point.

« Par idée anticipée, prénotion, »notion commune, les Epicu- »riens entendent l'idée générique

de le faire; mais leur maniere étoit de donner les résultats & de supprimer les détails.

(*a*) Epicure réduit, dans l'Epître à Herodote, ces quatre principes de nos idées à deux, dont le premier est l'impression directe que les objets font sur nos sens, πειλήπτως; le second est l'analogie avec les impressions directes, c'est-à-dire, la réflexion par laquelle l'esprit travaille sur les impressions qu'il a reçues, ἀναλόγως. Voyez Locke Entend. hum. L. 2. c. 1. §. 24.

P.

» de quelque chose, c'est-à-dire,
» la notion d'une chose qu'on a
» vue (a). Ainsi, aussi-tôt qu'on pro-
» nonce le mot *homme*, l'idée an-
» ticipée se présente, parce qu'on
» a vu des hommes. Chaque cho-
» se est connue d'abord par le nom
» qu'elle porte : & on ne feroit
» aucune question sur rien, si on
» n'avoit point d'idée de la chose
» sur laquelle on fait la question
» (b). Ce que je vois de loin est-il
» un cheval ou un bœuf? Pour fai-
» re cette question, il faut que je
» sache ce que c'est qu'un cheval
» & un bœuf. Je ne pourrois rien
» nommer, si je n'en avois en moi
» le type par la prénotion. Il faut

(a) Chrysippe la dé-
finissoit ἔννοιαν φυσικὴν
τῶν καθόλου, une con-
noissance naturelle
d'une notion univer-
selle. *Voyez Gass.*

(b) Cicéron dit :

*Informationem ante-
ceptam, sine quâ nec
intelligi quicquam nec
quæri, nec disputari
potest.* L. I. de Nat.
Deor.

» donc que la prénotion soit évi-
» dente par elle-même. C'est en
» partant de la prénotion que nous
» jugeons, quand nous disons :
» Ceci est un homme (a).

» Le jugement est appellé par eux,
» opinion, ou décision.

» Il est quelquefois vrai, & quel-
» quefois faux. Il est vrai, quand
» il est confirmé & qu'il n'est point

(a) Il y a quatre Régles sur les Notions.

I. RÉGLE.
Toute notion naît des sensations, soit par impression directe, soit par proportion, ou par imitation, ou par composition.

II. RÉGLE.
La notion est l'idée des attributs essentiels d'une chose, ou sa définition, qui précéde nécessairement toutes les questions qu'on peut faire sur cette chose.

III. RÉGLE.
La notion précéde tout jugement ; c'est d'elle qu'on peut savoir l'identité, la diversité, la connexion, l'indépendance, &c. des choses entr'elles.

IV. RÉGLE.
Ce qui n'est pas évident, doit être démontré par une notion évidente. *Gass. Com. sur le X. L. de D. L.* p. 138.

» démenti par les senfations évi-
» dentes. Il est faux, quand il est
» démenti, ou qu'il n'est point
» confirmé par les mêmes senfa-
» tions évidentes. C'est de là qu'est
» venu le mot *attendez*, ou *atten-*
» *dons*. Attendons que nous foyons
» auprès de la tour ; & nous juge-
» rons certainement si elle est ron-
» de ou quarrée.

« Les affections font au nombre
» de deux : le plaifir & la douleur.
» Tout animal en est fufceptible :
» l'une lui convient, l'autre lui est
» contraire. C'est par elles qu'on
» juge de ce qu'il faut rechercher
» ou éviter. »

Voilà, selon Epicure, quels font les principes des connoiffances humaines. Par les fenfations, nous connoiffons fûrement ce qui est vrai ou ce qui ne l'est pas. Par les affections, nous connoiffons ce qui est bon & ce qui ne l'est pas.

Les sensations nous instruisent de la nature des choses; les affections nous apprennent leurs rapports avec notre bonheur. Les uns fondent la Physique, & les autres la Morale.

Epicure voulant des dogmes, parce qu'ils sont essentiels à l'objet de sa Philosophie, qui est de bannir toute crainte, & par conséquent, d'établir des jugemens irréfragables, & ne pouvant avoir dans son sistême d'autre fondement de certitude que la véracité des sens, lesquels sont, selon lui, la seule origine, & le seul principe de nos idées, prononça que les sensations étoient toutes essentiellement vraies, par les trois raisons qu'on a vûes, il y a un moment.

On se révoltoit contre la généralité de cette assertion. Si cela est ainsi, disoit-on, il faudra convenir qu'une tour quarrée vue de loin sera ronde, & que vue de près, elle sera quarrée.

La conséquence n'est pas juste, répond Epicure. Il eût fallu conclure, 1°. que le simulacre, ou le phantôme de la tour vue de loin est rond : & il l'est effectivement ; parce qu'en traversant les airs, ses angles se sont rompus & émoussez par le choc des atômes qu'il a rencontrez en venant à notre œil. 2°. que le simulacre de la même tour vue de près est quarré ; parce qu'effectivement il l'est : frappant nos yeux presque dans le même état où il étoit en se détachant de la tour qui nous l'envoie. On a dit qu'il ne falloit pas confondre la sensation avec le jugement qui la suit : la sensation est toujours vraie, & le jugement qui la suit, ne l'est pas toujours.

Quand le sera-t-il ? Il le sera, répond Epicure, quand il aura été confirmé, ou qu'il n'aura pas été démenti par les sensations évidentes; & il sera faux, quand il aura été démenti, ou qu'il n'aura pas été confirmé par les mêmes sensations évidentes (*a*).

Pour abréger les discussions, il faut dire qu'Epicure entend par sensation évidente, celle qui se fait avec les conditions requises, si célébres dans l'école; & qui sont, la

___

(*a*) Voici quatre Régles rédigées par Gassendi, touchant les Sensations, selon le sistême d'Epicure.

I. RÉGLE.

Les sens ne sont jamais trompez; par conséquent toute sensation est vraie.

II. RÉGLE.

Le jugement prononcé d'après la sensation est tantôt vrai, tantôt faux.

III. RÉGLE.

Le jugement est vrai quand il est confirmé, ou qu'il n'est pas démenti par les sensations évidentes.

IV. RÉGLE.

Le jugement est faux quand il n'est pas confirmé, ou qu'il est démenti par les sensations évidentes. *Voyez les Com. de Gass. sur le X. Livre de Diogène Laërce, p. 138.*

distance légitime, la bonne disposition de l'organe, la convenance du milieu, & la persévérance de la même impression. Par conséquent, je ne jugerai sûrement que la tour est ronde ou quarrée, que quand je l'aurai vûe de près.

En deux mots : toutes les sensations sont vraies de la vérité d'existence ; parce que dès qu'on sent, il y a nécessairement deux choses qui existent, la sensation & la cause de la sensation : ce qui fait que cette vérité d'existence pourroit aussi être appellée vérité de connexion. Mais elles ne sont vraies de la vérité de conformité, que quand elles ont été vérifiées & confirmées par les sensations revêtues des conditions qu'on vient de marquer.

On réplique : Ce langage réduit aux termes de la précision, ne signifie autre chose que ce qu'on dit communément, qu'il y a des senfations vraies, & qu'il y en a de fausses, en prenant la vérité & la fausseté dans le sens ordinaire. Et si cela est, l'objection revient dans toute sa force. Voici le raisonnement : S'il y a des sensations vraies, & s'il y en a de fausses ; comment les distinguera-t-on les unes des autres ? Parmi les raisons qu'Epicure a employées pour prouver qu'elles sont toutes vraies, il y a celle-ci : qu'une sensation ne peut en réfuter une autre ; parce que si elles sont dans un genre différent, elles ne peuvent point rendre témoignage sur le même objet, & que si elles sont dans le même genre, elles ont autant d'autorité les unes que les autres. Si cela est, pourquoi juge-t-il d'après celle qui lui a fait voir la tour quarrée, plûtôt que d'après celle qui la lui a fait voir ronde ? Il faut les en croire toutes deux, ou ne les en croire ni l'une ni l'autre (a). Et si on ne croit aucune sensation ; on ne connoîtra démonstrativement ni l'étendue, ni le mouvement, ni les atômes, ni le vuide ; & alors, tout le système bâti sur la connoissance démontrée des principes physiques s'écroulera & tombera en ruine.

XXVIII.

« Si vous ne rapportez point tou-
« tes vos actions aux fins de la na-
« ture, & que pour fuir ou recher-
« cher un objet, vous soyez déter-
« miné par quelqu'autre point de
« vûe, votre conduite ne sera
« point d'accord avec vos discours.

XXIX.

« Parmi les objets de nos désirs,
« les uns sont naturels sans être né-
« cessaires, d'autres sont naturels &

(a) Plut. adv. Col.

» nécessaires; les autres, enfin, ne
» sont ni naturels ni nécessaires,
» mais l'ouvrage de la fantaisie &
» du caprice » (*a*).

Epicure appelle désirs naturels & nécessaires, ceux dont l'objet nous délivre de quelque douleur, comme de boire quand on a soif. Il appelle naturels & non nécessaires, ceux dont l'objet ôte la douleur dont on pourroit être délivré sans lui, comme les mets frians. Enfin, les désirs qui ne sont ni naturels ni nécessaires, ont pour objet des choses dont on peut se passer sans aucune douleur, comme les couronnes & les statues. C'est Diogene Laërce qui fait ce commentaire.

On l'entend. Le sage a permis-

___

(*a*) Voyez Lettre à Men. & Cicer. *de Fin. 1. 13.* L'ordre des Maximes 29 & 30 est différent dans quelques éditions: nous avons suivi celui de Gassendi.

sion de manger quand-il aura faim; de boire quand il aura soif, &c. Tous ces besoins sont des douleurs; & le bonheur consistant dans la délivrance des douleurs, il peut, il doit, se délivrer de ses besoins. Si cependant, lorsque la nature pourvue de son nécessaire, gardera à-peu-près le silence, (je dis *à-peu-près*) l'idée du plaisir, présentée avec des mets friands & des liqueurs délicieuses, réveille le sentiment du besoin, faux ou vrai, qui s'annonce par le désir d'user: que fera alors le sage Epicurien? Il s'abstiendra ; parce que ce n'est plus la nature qui parle, c'est le caprice. Soit. Mais ce caprice peu-à-peu se rendant le maître, jette dans l'ame où il est, un trouble aussi violent, & même plus violent que celui de la nature, lorsqu'elle demande ses plus justes & ses plus pressans besoins. N'importe : il continuera de réfifter. Mais que devient la paix de l'ame & cette apathie ou indolence, qui fait le bonheur du fage ? Qu'il prenne la balance, & qu'il péfe les fuites de la réfiftance & celles du confentement. Hé bien, il péfe. S'il réfifte ; il voit d'abord de longs combats, & enfuite peut-être du repos. S'il confent ; il voit d'abord du repos, & peut-être enfuite de longues peines. Peut-être oui, peut-être non. Mais fi elles arrivent, ces peines... On répondra dans le langage de l'école d'Epicure, que nous pouvons vivre fi la nature le veut, & ne pas vivre fi nous le voulons.

XXX.

» Les défirs naturels qui ont pour
» objet des chofes dont on peut
» fe paffer fans douleur, ne font vio-
» lens, quand ils le font, que parce

» que l'opinion ajoûte à ces choses
» ce qu'elles n'ont point : & ce n'est
» que par la fausse idée qu'on s'en
» est faite qu'elles nous emportent.

XXXI.

» Les désirs auxquels on peut se
» refuser, sans que la douleur s'en-
» suive, n'ont point pour objet des
» choses nécessaires : ce ne sont que
» des appétits désordonnez, aisez à
» dissiper (a) ; sur-tout, si l'objet est
» par lui-même difficile à obtenir,
» ou qu'il soit cause de quelque
» dommage.

XXXII.

» De tous les biens que la sagesse
» procure à l'homme pour le rendre
» heureux, il n'en est point de plus
» grand que l'amitié. C'est en elle

(a) Cela n'est pas toujours si aisé. Etoit-il aisé à Aléxandre de s'abstenir de faire des conquêtes, chose peu nécessaire au bonheur?

D'Epicure. 239
» que l'homme, borné, comme il
» l'eſt, par ſa nature, trouve ſa ſu-
» reté & ſon appui. Lec. de Meib.

» Voici, dit Bayle, un beau paſ-
»ſage de Ciceron : *De quâ,* (amici-
»tia), *Epicurus quidem ita dicit, om-*
»*nium rerum quas ad beatè vivendum*
»*ſapientia comparaverit nihil eſſe ma-*
»*jus amicitia, nihil uberius, nihil ju-*
» *cundius.... Epicurus una in domo,*
»*& ea quidem anguſta, quam magnos,*
»*quantaque amoris conſpiratione con-*
»*ſentientes tenuit amicorum greges?*
»*Quod fit etiam nunc ab Epicureis*(a).
» Qu'on vienne dire après cela,
» que des gens qui nient la Pro-
» vidence & qui établiſſent pour
» leur derniere fin leur propre ſa-
» tisfaction, ne ſont nullement ca-
» pables de vivre en ſociété, que
» ce ſont néceſſairement des traî-
» tres, des fourbes, &c? Toutes
» ces belles doctrines ne ſont-elles
» pas confondues par ce ſeul paſ-

(a) *De Fin. 1. 20.*

» fage de Ciceron ? Une vérité de
» fait, comme celle que Ciceron
» vient d'attefter, ne renverfe-t-
» elle pas cent volumes de raifon-
» nemens fpéculatifs » ?

Il y a deux petites obfervations à faire fur le paffage cité : la premiere eft que Ciceron le met dans la bouche de Torquatus, qui fait le perfonnage d'Epicurien dans cet endroit du Livre cité, & qui, felon l'ufage de fa fecte, ne parle jamais qu'avec enthoufiafme de fon maître, & de tout ce qui a rapport à lui. La feconde eft, que Ciceron, lui-même, répond à ce beau difcours de Torquatus dans le II. Livre : voici fes paroles.
» Mais Epicure, dit-on, a eu beau-
» coup d'amis. Comme s'il étoit
» queftion ici de favoir fi Epicure
» a été lui-même doux, humain,
» complaifant ! Il s'agit non de fes
» mœurs, mais de fa doctrine.

Laiffons

D'EPICURE. 241
« Laissons aux Grecs le droit qu'ils
» ont de parler mal de ceux qui ne
» pensent pas comme eux. Enfin,
» quelque porté qu'il ait été à l'a-
» mitié, supposé que ce que vous
» avez dit soit vrai; (car je n'assure
» rien) (*a*), il n'a pas bien vû les

(*a*) Jonsius semble n'avoir pas pris la vraie pensée de Ciceron dans ces mots: *tamen si hæc vera sunt, nihil enim affirmo.* Il prétend qu'il révoque en doute les mauvais propos qu'on accusoit Epicure d'avoir tenu contre les autres Philosophes. Mais il ne s'agit dans cet endroit que du nombre de ses amis, que Torquatus avoit fait valoir avec emphase dans le premier Livre *de Finibus*, & sur lequel Ciceron dit qu'il ne veut point prononcer.
Nous pouvons dire ici en passant, que le zele des apologistes d'Epicure, est quelquefois si vif, qu'il leur ôte le tems d'examiner à fonds ce qui peut lui être favorable ou contraire. Gassendi lui-même, tout moderé qu'il est, y a été pris quelquefois. C'est d'après lui que Bayle a cité Torquatus au lieu de Ciceron. Il y en a un exemple encore plus frappant, à l'occasion de Plutarque, que Gassendi accuse d'avoir jugé Epicure sur des discours en l'air, plutôt que sur des témoignages fideles. C'est, dit-il, Plutar-

Q

» suites »… Et quelques lignes plus bas : « Qu'Epicure ait été » bon, ami fidéle, réglé & hon-» nête dans sa conduite, lui & plu-» sieurs de ses partisans, qu'ils » aient écouté leur devoir plûtôt que lui-même qui en convient : ἀλλὰ τῶ δόξαι, ἢ τῶ ἀληθείαν σκοπεῖμεν. Cet aveu de la part d'un Auteur, tel que Plutarque, a quelque chose de révoltant. Voici en peu de mots de quoi il s'agit. Plutarque, dans le Livre, où il prouve *Que la Philosophie d'Epicure ne mene point au bonheur*, dit qu'un des plus grands plaisirs de cette vie, est celui de la gloire ; & qu'on ne peut l'espérer, quand, comme Epicure, on pense qu'il ne faut vivre que pour soi ; qu'il ne faut point se livrer aux occupations de la vie civile ; ni exercer les charges, &c. Il se fait aussitôt une objection. On dira peut-être que c'est à tort qu'on reproche cette doctrine aux Epicuriens. Il répond : Que ce soit à tort ou non : ce de quoi il s'agit, n'est pas le fait de la doctrine, c'est le fait du reproche. S'il est généralement répandu, c'en est assez pour que les Epicuriens ne puissent point prétendre au plaisir produit par la gloire, Or, &c. Il y a même des villes qui ont fait des décrets contre eux, &c. *Plut.* p. 1100.

» que la volupté, qu'est-ce que
» cela prouve, sinon que la vertu
» a plus de pouvoir que la volupté?
» Il y en a qui disent mieux qu'ils
» ne font : chez Epicure, ce sera
» le contraire. »

XXXIII.

» C'est la même sagesse qui a mon-
» tré à l'homme, qu'il n'y a point de
» douleur qui ne finisse, ni même
» qui dure long-tems. Leçon de Meib.

XXXIV.

» Le droit de la nature s'explique
» par l'utilité réciproque (a) : c'est
» une convention de ne pas se
» nuire mutuellement. »

Nous allons présenter de suite les huit autres maximes qui accompagnent celle-ci : après quoi nous y joindrons quelque développement.

(a) Συμβόλον τοῦ συμφέροντος.

XXXV.

« Il n'y a ni juste ni injuste entre « les animaux qui n'ont pû faire « des conventions de ne pas se nui- « re. Par la même raison, il n'y en a « point entre les hommes qui n'ont « point voulu, ou qui n'ont point « pû, convenir ensemble de ne « pas se nuire réciproquement.

XXXVI.

« La justice de soi n'est rien. Elle « n'a lieu que par les traitez, en « quelque lieu qu'habitent les na- « tions qui contractent (*a*).

XXXVII.

« L'injustice par elle-même n'est « point un mal. Elle ne l'est que « parce qu'elle laisse après soi la « crainte des vengeurs des loix

---

(*a*) Ciceron étoit bien éloigné de pen- ser ainsi. » La loi, » dit-il, n'est point

XXXVIII.

« Il n'est pas possible que celui « qui a violé les conventions qu'il « a faites, se sente assuré du secret « jusqu'à la mort, quelque bien ca- « ché qu'il soit dans le moment.

XXXIX.

« En général ce qu'on appelle jus- « tice est la même chose par-tout : « la raison de l'utilité réciproque. « Mais les lieux & les circonstan- « ces lui donnent des varietez.

» une invention hu- » maine ni un établis- » sement arbitraire, » que les peuples » ayent fait; mais l'ex- » pression de la raison » éternelle qui gou- » verne l'Univers. » L'outrage que Tar- » quin fit à Lucréce » n'en étoit pas moins » un crime, parce » qu'il n'y avoit point » encore à Rome de » loi contre ces sortes » de violences. Tar- » quin pécha contre la » loi éternelle.... qui » n'est autre chose que » la suprême raison du » grand Jupiter. » *Liv. II. des Loix.*

XL.

« Si ce qu'on a cru juste se trouve
» réellement utile à la société, il est
» vraiment juste. S'il ne se trouve
» pas utile, il cesse d'être juste. »

XLI.

« Si une loi est tantôt utile & tan-
» tôt non utile, elle est juste quand
» elle est utile. Cela est clair pour
» quiconque ne s'embarasse point
» de mots vuides de sens. »

XLII.

« Quand le juste qu'on avoit cru
» utile ne l'est pas effectivement,
» sans qu'il y ait eu changement
» dans les circonstances, cela prou-
» ve qu'il n'étoit pas juste. Si c'est
» par le changement des circons-
» tances qu'il a cessé d'être utile, il
» a cessé alors d'être juste. »

Cette doctrine sur la nature &

l'essence de la justice est commune à tous ceux qui nient la Providence, & elle suit nécessairement de leurs principes. Le fameux Hobbes qui entreprit de rétablir la Morale d'Epicure, comme Gassendi en avoit rétabli la Physique, nous en donnera l'explication en peu de mots.

Il distingue dans l'homme deux sortes d'états, l'état de nature, qui convient aussi aux bêtes, *status belluinus* ; & l'état de société, qui ne convient qu'à un animal raisonnable, *status civilis*.

Dans l'état de nature, on voit l'homme libre, sans loi, sans maître, ayant un droit sans bornes, à tout & sur tout, *jus in omnia*.

Mais tout homme ayant en particulier le même droit, il s'ensuit qu'à égale volonté de jouir, c'est le combat seul qui peut décider entre deux contendans ; & que la force seule l'emporte. Malheur aux vaincus ! C'est par cet état qu'il semble à Epicure que le genre humain a commencé.

Cependant, les vaincus eurent une ressource : ce fut de former une conspiration secrete, pour rompre leurs chaînes, & lier à leur tour, le bras qui les avoit mis aux fers. Alors commença l'état de société, dans lequel l'oppresseur même fut opprimé par les forces réunies de plusieurs.

De-là il suit, que dans l'état de société il y a deux forces contraires, dont l'une est le poids de la loi sociale, qui pese sur le droit naturel du particulier, & qui le tient en respect; l'autre, est le ressort de la liberté du particulier opprimé, qui se tend contre la loi ou conspiration de la société.

Avant l'union de plusieurs contre l'ennemi commun, tout étoit à tous; & par conséquent, rien n'étoit injuste. Mais depuis l'union, il y a eu pour l'un droit à ceci, & pour l'autre droit à cela, c'est-à-dire, *le tien & le mien :* sans quoi l'union eût été impossible : le droit à tout étant un état de guerre.

Il a donc fallu pour condition préliminaire du pact, ou de la paix entre plusieurs, que chaque particulier renonçât à son droit à tout, & se restraignît au droit à une partie, pour en jouir sans trouble, sous la protection & la garantie de la société.

C'est de-là, selon Hobbes, & selon les Epicuriens, qu'est née la notion du juste, lequel n'est autre chose que la possession légitime du droit restraint; & de l'injuste, qui est la répétition violente du droit cédé.

D'où il suit, 1°. que le droit de

la société, composé des droits que les particuliers avoient à tout, est comme le dépôt de tous ces droits, & qu'elle peut en jouir dans toute leur étendue : c'est même ce qui la constitue essentiellement.

Par conséquent, rien pour elle n'est juste, ni injuste, vis-à-vis d'une autre société, avec qui elle n'aura point fait de pact ou de traité.

Il suit 2°. que les particuliers de cette même société ont le même droit qu'elle, contre tous ceux qui ne sont pas de leur société, & qu'ils ne peuvent jamais, par quelque excès que ce soit, devenir coupables à leur égard ; parce que ce n'est qu'en faveur de leur société, & des membres qui la composent, qu'ils ont renoncé à leur droit à tout.

Donc tout ce qu'il y a de justice sur la terre dépend des engagemens qu'une société a pris avec ses membres, ou avec une autre société, & de ceux que les membres ont pris avec leur société, ou entre eux. Telle est la nature, l'essence & l'origine du juste & de l'injuste.

Que fera le sage, quand, remontant à la premiere origine des loix, il aura vû qu'elles ne sont que l'ouvrage de la conspiration de plusieurs, contre un seul qui seroit plus fort que chacun d'eux séparément ; qu'une entreprise heureuse de l'intérêt commun sur l'intérêt naturel du particulier ? quand il aura vû que son droit à tout n'a été restraint à une partie, que par la violence du grand nombre qui s'est trouvé le plus fort ?

S'il ne consent pas à être duppe, il tâchera de rentrer sourdement dans ses droits usurpez, de se soustraire à la loi, toutes les fois qu'il pourra reprendre sur elle la possession inaliénable de sa premiere liberté. Il pensera comme un personnage de la république de Platon (Thrasimaque), que la justice n'est que la sottise d'une belle ame, & l'injustice, l'adresse d'un homme instruit. Lorsqu'on lui fera la même question que celle qu'Epicure s'est faite à lui-même (*a*), « Si le » sage assuré du secret, pourroit » faire une action contraire aux » loix » : il avouera comme lui, que la réponse est embarassante : ce qui signifie, ajoûte Plutarque, qu'il le pourroit ; mais qu'il faudroit bien se garder d'en faire l'aveu.

S'il donne des conseils en confidence, à quelqu'un de ses amis, il lui dira, comme Epicure à Idomenée (*b*), « de ne s'assujettir aux

(*a*) Plut. *adv*. Col. 1127.

(*b*) *Adv*. Col. 1127. C'est cet Idomenée à qui Epicure disoit modestement, pour le détourner du genre de vie qu'il avoit embrassé: *Si c'est la gloire qui vous touche : les*

» loix qu'autant qu'il le faut, pour
» éviter le choc & le trouble qui
» suit la transgression ».

Partant de ces principes, le sage Epicurien ne manquera pas de rendre à ce qu'il appellera nature dans sa personne, tout ce qu'il pourra ôter aux loix. Il saura profiter de la liberté que lui donne sa philosophie contre la société, & des avantages que lui donne la loi de la société contre ceux qui ne sont pas philosophes. En un mot, il se soustraira à l'autorité autant qu'il le pourra, quand elle sera contre lui ; & il la fera valoir tant qu'il pourra, quand elle sera pour lui. Qui peut lui faire un crime d'avoir préféré son propre avantage à celui d'un autre ? sur-tout, s'il est vrai, comme il l'est dans son sis-

Lettres que je vous écris vous rendront plus célèbre, que tout ce que vous faites pour vous donner de la considération. Sen. Ep. 11.

tême, que l'utilité seule est la mere des loix; & que la loi de l'utilité particuliere, antérieure à celle du bien public, est l'ouvrage de la nature; tandis que celle du bien public n'est que l'ouvrage de la convention réciproque des hommes?

Ce sont ces conséquences, & quelques autres soigneusement voilées par ceux qui les admettent, qui ont effrayé les défenseurs des principes innez. A voir la chaleur avec laquelle on a combattu pour & contre ces principes, depuis quelque tems, il est aisé de sentir qu'ils tiennent à un sistême plus étendu & plus important qu'il ne paroît au premier coup d'œil.

En effet, sans compter la notion de l'ame, qu'on brouille dans tous ses points, en la réduisant à une simple table rase; en ne lui laissant aucun acte, ni connoissance qui provienne d'elle, qui soit à elle ; en lui ôtant jusqu'au sentiment d'elle-même, lorsqu'elle n'a plus les organes des sensations, (ce qui réduit toutes les idées que nous avons de la vie de l'ame séparée du corps, à une possibilité absolue, comprise dans l'idée générale que nous avons de la puissance infinie de Dieu, qui peut, dit-on, donner des perceptions à l'ame par d'autres voies que par celles du corps) sans compter, dis-je, cet inconvénient, qui n'est pas de médiocre importance ; il y a celui de faire dépendre les notions du bien & du mal moral des sensations du bien & du mal physique ; de sorte que les idées du bien & du mal physique seroient les idées de la nature, & celles du bien & du mal moral, des idées factices de l'esprit humain.

Ces conséquences nécessaires dans le sistême des Epicuriens renversent réellement, & selon leur intention, les loix essentielles de la Morale, les notions fondamentales du vice & de la vertu, & ne font de toute la société humaine qu'un assemblage d'animaux qui croient agir par raison, & vouloir librement, ce qu'ils ne font que par mécanisme : automates d'autant plus sots, qu'ils s'imaginent n'en pas être ; & d'autant plus malheureux, qu'ils pensent & qu'ils sentent comme s'ils n'en étoient pas.

Cependant, il faut l'avouer, toutes ces conséquences ne sont pas essentielles à l'opinion même qui tire toutes nos idées des sensations.

Car, quand même on réduiroit tous les sentimens de la nature à la douleur & au plaisir ; qui empêcheroit

pêcheroit de supposer que c'est Dieu même qui a jugé à propos de conduire l'homme par cette voie infaillible, à la connoissance du bien & du mal moral; gravant dans l'homme, dans l'essence même de l'homme, par l'impression de la douleur & du plaisir, ses devoirs naturels, tant envers la Divinité, qu'envers ses semblables; nous donnant par le sentiment de notre foiblesse & de notre ignorance, les idées d'une puissance & d'une sagesse, où nous ne concevons point de bornes; nous faisant connoître par le mal que nous sentons nous mêmes, le mal que nous pouvons faire aux autres; & par la crainte de l'éprouver, la défense de le faire éprouver à autrui. Alors la loi du bien-être particulier devient le code de la société, & celle du bien-être de la société, la caution du bien-

R

être particulier. La crainte même qui, selon Hobbes, est une cause de guerre dans l'état de nature, devient dans l'état de société une cause d'union, & un principe naturel de loix & d'équité.

Qu'on ajoûte à ces principes nez des sensations de l'homme pris solitairement, & comme un individu à part, ceux qui naissent de la société conjugale, par laquelle chaque individu n'est que comme une moitié d'un tout, liée à l'autre moitié par le penchant naturel des cœurs; on a une nouvelle source de paix, d'union, & par conséquent de loix sociales. L'époux livré à son épouse, n'a plus d'intérêt exclusif. L'amour de lui-même confondu dans l'amour de son semblable, se trouve enrichi par les sacrifices qu'il lui fait. Ce sentiment heureux suit le progrès du sang. L'homme voit son être se renouveller dans ses enfans, aller à l'immortalité par ses neveux, qui attachez directement & collatéralement les uns aux autres par les plus doux noms de la nature, forment comme un rézeau immense, dont les nœuds affermis les uns par les autres, couvrent la surface de la terre, de tous les rapports d'amour, d'union, d'égalité, de subordination qui constituent ce qu'on appelle la société.

En quels caractères plus lumineux Dieu pouvoit-il graver ses loix de justice & de sagesse dans l'espéce humaine? Quelle voix plus forte pouvoit-il employer pour les publier? Chaque mouvement de notre ame, chaque impression des objets extérieurs sur notre corps, & de notre corps sur elle, est une indication, ou un développement de la loi naturelle, qui ordonne le bien & qui défend le mal.

Il s'enfaut bien que les Epicuriens anciens & modernes, l'entendent ainsi : & c'est ce qui a fait le crime de cette opinion, déja dangereuse par elle-même. La Divinité n'ayant aucune influence sur la formation, ni sur le destin de la nature humaine ; l'homme dans leur système, n'est qu'une machine animée qui se brisera, soit par le dépérissement naturel de ses organes ; dont les élémens, contraints par une forme accidentelle, doivent se relâcher avec le tems ; soit par le choc violent de quelque cause extérieure, que la force ou l'adresse n'auront pû détourner. Tout est mécanique dans l'homme : c'est le poids, la masse, la figure, l'attraction mutuelle, la rencontre fortuite des atômes qui décident de tout chez-lui, comme dans le monde, où il n'y a ni ordonnance ni causes finales, que par la tournure & l'habitude de notre imagination.

Faut-il s'étonner, après cela, si le juste & l'injuste ne sont que de vains noms, ou tout au plus, des conventions arbitraires, dont l'intérêt seul est le nœud & le garant ? Faut-il être surpris des conséquences odieuses que les adversaires d'Epicure ont tiré de son sistême ? « Quand est-ce, dit Plutarque, que les hommes vivront comme les bêtes les plus sauvages & les plus insociables ? Ce ne sera pas quand ils n'auront plus de loix ; mais quand ils n'auront plus ces grands principes qui sont les fondemens & l'appui des loix. Ce sera quand on invitera l'homme à la volupté ; qu'on niera la providence des Dieux ; qu'on regardera comme sages ceux qui méprisent l'honnêteté,

» qui ne tient point au plaisir; qu'on
» tournera en ridicule ces grandes
» véritez :

Qu'Un Dieu tient en sa main, comme sou-
　　　verain maître,
Les causes, les progrès, & les fins de tout être.

Et ailleurs :

Vois-tu dans la nature, où sa marche est tracée,
　　　Les loix qu'il prescrit aux mortels ?
La justice le suit pour venger ses autels,
Et rétablir les droits de sa gloire offensée.

» Ce sont ces hommes qui ont
» besoin de loix, ceux qui regar-
» dent ces véritez comme des fa-
» bles, qui mettent leur bonheur
» dans leur ventre, & dans les au-
» tres plaisirs grossiers. C'est pour
» ceux-là qu'il faut des chaînes,
» des verges, des Rois armez d'au-
» torité, pour empêcher des hom-
» mes sans frein & sans Dieu, de
» dévorer leurs semblables. Car,

» c'est ainsi que vivent les bêtes :
» elles ne connoissent rien de plus
» beau que la volupté, elles n'ont
» point d'idée de la justice des
» Dieux, ni de respect pour la
» vertu, employant tout ce que la
» nature leur a donné d'adresse &
» de force, pour satisfaire leurs
» appétits sensuels, & se procurer
» les plaisirs du corps. Le bel ora-
» cle que nous a prononcé Métro-
» dore, quand il nous a appris que
» *tout ce que l'esprit & la raison*
» *avoient jamais inventé de beau, se*
» *rapportoit essentiellement au corps*
» *& à ses plaisirs, & que toute en-*
» *treprise qui ne tendoit point là étoit*
» *sans objet !* Les bêtes brutes
» qui n'ont de voix & de cri que
» pour assouvir leur ventre & leurs
» désirs brutaux, expriment-elles
» d'autres sentimens, quand on les
» entend hennir ou mugir? Contre Col.

R iiij

XLIII.

» Quiconque veut vivre sans
» craindre rien de ce qui est au de-
» hors, ne doit entreprendre que
» de se procurer ce qui est à sa por-
» tée : il doit regarder comme hors
» de lui, tout ce qu'il ne peut se
» donner ; s'abstenir de beaucoup
» de choses, & sur-tout, de celles
» dont il est inutile de jouir (*a*). »

XLIV.

» Ceux qui ont eu le talent de se
» procurer par leurs environs une
» sécurité entiere, ceux-là ont
» passé leur vie agréablement dans
» le sein de l'amitié & de la con-
» fiance réciproque : & quand il a
» fallu perdre ces amis si chers, ils
» ne se sont point plaints que la
» mort les eût enlevez trop-tôt.

(*a*) Lec. de M. Meibom.

ARTICLE III.

Le Sage d'Epicure.

Diog. Laër. Seg. 117.

S'Il est vrai que nous ayons bien exposé la doctrine d'Epicure dans la premiere partie; on a dû la retrouver dans les Maximes qu'on vient de parcourir; & on doit la retrouver encore dans le Portrait du sage Epicurien, tel qu'Epicure lui-même nous l'a tracé.

On se souviendra que ce sage ne craint les Dieux, ni dans cette vie, ni dans l'autre; que croyant son ame mortelle, tout son être est dans cette vie, & par conséquent, tout son bien-être; que les loix, selon lui, ne sont que des conventions humaines, dont la derniere raison est le bien particulier, compris dans le bien public; enfin, que l'exemption de toute douleur du corps & de l'esprit, c'est-à-dire, la satisfaction pleine & entiere de l'individu en cette vie, est le parfait idéal de l'humanité. Que fera-t-il en conséquence de ces principes ? On nous présente le tableau de sa conduite : il suffit d'y jetter les yeux.

I.

» Les hommes ne peuvent faire
» quelque dommage aux autres
» hommes que par haine, par en-
» vie, & par mépris. Le sage sait
» se mettre au-dessus de tout ce
» que peuvent faire ces passions. »

Ce trait est essentiel au portrait du sage dans toute Philosophie. *In sapientem*, dit Seneque, *non cadit injuria*. Il doit être indépendant du jugement des sots & de ceux des méchans, qu'il ne peut pas plus empêcher que la grêle de tomber, les insectes de piquer.

II.

« Le sage ne cesse jamais d'être
» sage, quand une fois il est par-
» venu à l'être. »

Il y est parvenu, sans doute, quand il est parvenu à croire fermement les dogmes de son maître Epicure, & à agir en conséquence. Reste à savoir, si étant sage, il peut les croire sans retour d'inquiétude.

III.

» Il ressent les passions, sans rien
» perdre de sa sagesse. »

Il peut même s'y livrer : c'est le moyen de se rendre le calme & le repos, qui est son objet. Il sera toujours sage, pourvû que le calcul ait précédé sa détermination, & qu'il ait suivi son calcul dans l'exécution.

IV.

« Ne devient point sage qui « veut, ni dans tout pays. »

Cette proposition ne doit pas être prise en rigueur. Il n'y a point de caracteres, quelque rebelles qu'ils soient, que la culture ne puisse former & adoucir. Cependant Thalés disoit : Je rends graces aux Dieux d'être né raisonnable & non bête, homme & non femme, grec & non barbare. *Non ex omni ligno Mercurius.*

V.

« Le sage est toujours heureux, « même dans les tourmens, quoi-« qu'il se plaigne & qu'il gémisse. »

C'étoit un paradoxe chez les Stoïciens, qui mettoient le bonheur suprême dans la vertu. C'est une contradiction manifeste chez Epicure qui mettoit le bonheur dans l'exemption de la douleur. Apparament qu'il y avoit quelque restriction mentale : *Toujours heureux, autant qu'il peut l'être : heureux, parce qu'il a en lui le pouvoir de quitter la vie, & de se délivrer de toute douleur. Heureux encore*, si on le veut, *parce qu'il a le secret de se rappeller le souvenir des plaisirs qu'il a eus auparavant.* Au reste, que les Epicuriens concilient ces deux propositions : *Le bonheur, même celui du sage, réside dans la volupté, ou dans l'exemption de la douleur*, & cette autre, *la douleur ne détruit pas le bonheur du sage.* Quid attinet gloriosè loqui, nisi Constanteo loquare ?

VI.

« Il est le seul capable d'une vraie
« reconnoissance envers ses amis,
« présens ou absens. »

VII.

« Il n'a aucun commerce avec
» la femme qui lui est interdite
» par les loix.

On en sent la raison : Epicure avoit trouvé par le calcul, qu'il y avoit plus à perdre qu'à gagner.

VIII.

« Il punit ses esclaves : mais il fait
» grace à ceux qui ont un bon ca-
» ractere & de bonnes intentions.»

C'est un trait en faveur de l'humanité contre les Stoïciens. Et après tout, un maître doux est plus heureux chez lui, qu'un maître dur & violent. *Servi, humiles amici.*

IX.

« Il n'est point amoureux, ni ne
» croit que l'amour soit envoyé
» par quelque Dieu. »

Si le sage Epicurien pouvoit

s'imaginer que l'amour eſt envoyé par un Dieu, il ne pourroit eſpérer de s'en délivrer par ſa Philoſophie, ni par un effort de ſa ſageſſe. Sa vertu ſeroit un préſent du ciel; & l'hommage qui lui en ſeroit dû, rameneroit la religion avec toutes ſes ſuites.

X.

» Il eſt peu inquiet de ſa ſépul-
» ture. »

En mourant il perdra pour toûjours l'intérêt de ſon être. *Nec tumulum curo*, diſoit Mécéne, *ſepelit natura relictos*.

XI.

» Il ne ſe fait point une affaire
» ſérieuſe de parer ſon diſcours. »

XII.

» Il fuit tous les plaiſirs de l'a-
» mour: perſuadé qu'ils ne ſont ja-

» mais de bien, & que c'est beau-
» coup s'ils ne font point de mal (a).

XIII.

» Il n'a ni femme ni enfans. »

C'est un attirail trop embaras-
sant : c'est présenter trop de surface
aux coups de la fortune. Cependant, il aura l'un & l'autre, si les
circonstances de sa vie l'ordon-
nent.

XIV.

» Il ne passe point les nuits à ta-
» ble. »

XV.

» Il n'est ni magistrat, ni chef
» dans sa nation (b). »

XVI.

» Il n'est point cynique ; ni ne

(a) V. Lucrece. Lib. IV.
(b) Epicurus ait : Non accedet ad rempublicam sapiens, nisi si quid intervenerit. Zenon ait : Accedet ad rempublicam, nisi si quid impedierit. Sen. de Otio Sap. c. 30.

» mendie son pain comme ceux
» de cette secte. »

XVII.

» Qu'on lui créve les yeux, il
» est encore heureux (a). »

XVIII.

» Il peut ressentir la tristesse, &
» même être cité devant le juge. »

XIX.

» Il peut laisser des livres : mais
» il ne les lira pas dans les assem-
» blées publiques.

D'autres traduisent, mais il ne composera point de panégyriques.

XX.

» Il veille sur son bien, & pré-
» voit l'avenir. »

XXI.

» Il aime la vie rustique. Meibom.

(a) Voyez la note ci-dessus, p. 268.

Elle donne repos & liberté.

. . . . *Non*
Otia divitiis Arabum liberrima mutem.

C'étoit la devise d'Horace.

XXII.

» Il est toujours prêt contre la for-
» tune.

Si la Fortune, cette déesse volage, étend ses aîles pour s'envoler, dit Horace ; je lui rend ses dons, & je m'enveloppe dans ma vertu.

Cependant, quoi qu'en dise Epicure, son bonheur dépend de la fortune, qui est maîtresse de tout ce qui peut lui procurer du plaisir & lui causer de la douleur : car, tout cela est extérieur ; or tout ce qui est extérieur dépend de la fortune.

XXIII.

« Il choisit pour ami un caractere
» gai & complaisant.

D'Épicure. 275

Surtout, point de ces amis tristes, disoit Sénéque, qui sont toujours gémissants, voyant tout par un côté lugubre. Quelque parfaite & solide que soit leur amitié, on ne peut goûter avec eux ni douceur ni repos (a).

XXIV.

» Il aime les spectacles du théatre
» & s'y plaît plus que les autres. »

XXV.

» Il ne croit point que toutes les
» fautes soient égales. »

Les Stoïciens ne voyoient dans toutes les fautes que la loi transgressée. Les Epicuriens n'y voyoient que le dommage fait. Il falloit y voir l'un & l'autre.

XXVI.

» Il pense que la santé est un bien

(a) De Tranquill. C. 7.

S ij

» pour les uns, une chose indiffé-
» rente pour les autres. »

Cette pensée n'est rien moins que claire ; & ne paroît pas s'accorder avec l'axiôme, *Corps sans douleur, ame sans trouble.*

XXVII.

» Il croit que la fermeté d'ame
» est une vertu qui s'acquiert. »

Sans cette persuasion, l'Epicurien dans les maux, n'auroit d'autre parti à prendre que l'abattement & le désespoir.

XXVIII.

« Il croit que l'amitié est fondée
» sur l'intérêt : c'est une terre qu'on
» seme. Son lien est l'utilité réci-
» proque. »

On a beau retourner ce sentiment : il ne sera jamais délicat, ni avantageux à la société. Croira-t-on que l'Epicurien ne préférera pas les belles terres, les grands domaines, à la possession d'un ami? *Dubium est quin fundos & insulas amicis anteponemus* (a)?

XXIX.

« Il y a deux sortes de bonheur:
» le bonheur parfait qui ne con-
» vient qu'à un Dieu : & le bon-
» heur de l'homme, qui est sus-
» ceptible de plus & de moins ».

Cette division n'a gueres de sens dans la Philosophie d'Epicure, qui fait consister le bonheur dans la délivrance ou cessation de la douleur. Les Dieux qui n'en ont point, peuvent-ils en être délivrez? Veut-il dire que le bonheur des Dieux consiste dans la réunion de tous les plaisirs? Mais il change sa notion du bonheur ; & d'ailleurs, comment des êtres qui n'agissent sur rien, sur qui rien n'agit, peu-

(a) *De Fin.* II. 26.

vent-ils avoir du plaisir ? Veut-il dire que les Dieux sont dans une parfaite sécurité ? Mais l'homme sage, selon Epicure, peut y arriver par ses principes : c'est l'unique objet de sa Philosophie.

XXX.

» Si le sage a des ancêtres, il pla-
» ce leurs bustes dans ses portiques
» ou ailleurs, indifféremment. »

Il les place, & il le doit. C'est un moyen de considération aux yeux du vulgaire, c'est-à-dire, une caution de plus pour la sureté & le service.

XXXI.

» Il est le seul qui puisse juger
» sainement de la poësie & de la
» musique. »

Epicure faisoit aussi peu de cas de l'une que de l'autre.

XXXII.

« Il ne fait point les poëtes ni
« leurs fictions : tant il est éloigné
« de faire des vers. »

Avouez, avouez sans rougir, disoit Métrodore, cité par Plutarque (a), que vous ne savez pas pour qui combattoit Hector, ni quels vers sont au milieu ou au commencement du poëme d'Homere. Et Torquatus dans Ciceron : *An ille (sapiens) tempus in poetis evolvendis consumeret, in quibus solida utilitas nulla, omnisque puerilis est delectatio ?*

XXXIII.

« Un sage peut être plus sage
« qu'un autre sage. »

Les Stoïciens n'en convenoient pas.

(*a*) *Adv. Epic.*

XXXIV.

« S'il est dans l'indigence, il tirera partie de sa sagesse. »

Il en fera des leçons en payant.

XXXV.

« Il félicite ceux qui reviennent à la raison & à la vertu. »

XXXVI.

« Il rendra hommage au Prince, si le cas l'exige. »

XXXVII.

« S'il ouvre un école; ses auditeurs ne seront pas nombreux. »

Il y en a une bonne raison : les leçons de la sagesse ne peuvent être goûtées par les sots : & les sages, qui sont faits pour l'entendre, sont en petit nombre (a).

___

(a) V. Sen. *Ep.* 7.

XXXVIII.

« S'il récite en public quelque ouvrage de sa façon, il faudra qu'on l'en ait bien prié. »

Epicure fut-il sage en ce point ? Il donna 300. volumes au public.

XXXIX.

« Il aura des dogmes, & ne mettra point toutes nos connoissances en problêmes. »

On en a dit la raison dans la remarque sur la maxime 35.

XL.

« Son ame paisible sera toujours la même dans la veille & dans le sommeil. »

XLI.

« Il donnera, s'il le faut, sa vie pour son ami. »

Cela n'est arrivé à aucun Epicurien ; mais cela feroit poffible. Donner fa vie n'eft pas toujours un grand préfent, fur-tout, pour un difciple d'Epicure, qui quelquefois la quitte pour rien, & par fimple dégoût.

On connoît la doctrine d'Epicure & fes maximes : on a vu fon portrait, à peu de chofes près, dans le portrait du fage. On le verra mourant dans l'article qui fuit.

ARTICLE IV.

Lettre d'Epicure à Hermachus.

CETTE Lettre courte, mais énergique, contient les dernieres paroles d'Epicure; & présente un de ces momens critiques & intéressans, où l'homme se dévoile & se montre tel qu'il est:

Nam veræ voces tum demum pectore ab imo
Ejiciuntur, & eripitur persona, manet res.
Lucr. III. v. 57.

Elle est adressée à Hermachus son disciple, à qui il avoit laissé par testament sa chaire, son jardin, avec ses dépendances, pour passer ensemble à ses successeurs, à perpétuité. Diogène Laërce suppose qu'elle a été écrite à Idoménée ; Ciceron , qu'elle le fut à Hermachus : peut-être le fut-elle à tous deux, le texte portant ὑμῖν, *vobis*. Nous avons suivi la leçon de Ciceron uniquement pour prendre un parti dans une chose indifférente par elle-même : voici cette lettre telle que Ciceron l'a traduite.

Epicurus Hermacho, S.

Cum ageremus vitæ beatum & eundem supremum diem, scribebamus hæc. Tanti autem morbi aderant vesicæ & viscerum, ut nihil ad eorum magnitudinem posset accedere. Compensabatur tamen cum his omnibus animi lætitia, quam capiebam memoriâ rationum inventorumque nostrorum (a). *Sed tu, ut dignum est*

(a.) Gassendi accuse Plutarque d'avoir altéré le texte d'Epicure en lisant τῇ μνήμῃ τῶν ἀπολελαυσμένων πρὸς ἡδονῶν, au lieu de lire, comme Diogène Laërce & comme Ciceron a lû, à en juger par sa traduction, ἐπὶ τῇ τῶν γεγονότων ἡμῖν διαλογισμῶν. Plu-

D'EPICURE. 285

tuâ erga me & erga Philosophiam voluntate ab adolescentulo susceptâ, fac ut Metrodori tueare liberos.

tarchus ut Epicurum posset faciliùs carpere verba detorsit & immutavit. De Vit. & M. Epic. L. III. c. 7.

On pourroit répondre à Gassendi qu'ἀδοτῶν est autant, & plus dans le sistême d'Epicure que διαλογίσμων. Il y a dans Ciceron même de quoi justifier cette leçon. Car pourquoi Ciceron, en reprenant les termes de cette Lettre, cite-t-il, sans détermination, les objets dont Epicure se rappelle le souvenir ? *Præteritis*, inquit, *gaudeo.* De quels biens passez voulez-vous parler ? *Quibus præteritis ?* Si Ciceron n'eût pas vû ailleurs que dans la Lettre à Hermachus la recette Epicurienne contre la douleur, il ne la rapporteroit pas ici de cette maniere ; il ne demanderoit point quels sont ces biens passez, dont le souvenir est le contre-poids de la douleur ; car il est clair que dans la Lettre à Hermachus, ce sont des plaisirs de l'esprit, διαλογίσμων. Il pensoit donc à une autre recette. On la trouve citée quelques lignes plus bas : *Bona præterita non effluere sapienti.* Et plus bas encore. *Vobis Epicureis, voluptatum perceptarum recordatio vitam beatam facit, & quidem corpore perceptarum.* Voilà de quoi autoriser la leçon de Plutarque. Epicure

Essayons de la traduire en françois.

Epicure à Hermachus, S.

» Je vous écris, Hermachus,
» dans cet heureux jour, le dernier
» de ma vie. Je souffre des entrail-
» les & de la vessie, au-dessus de
» tout ce qu'on peut imaginer.
» Mais j'oppose à mes maux la
» joie de mon esprit, en me rap-

souffroit des douleurs cruelles ; il se rappelloit, pour leur servir de contre-poids, les plaisirs dont il avoit joui. Ainsi il opposoit les plaisirs à la douleur, le passé au présent, πάντα τ' ἐπ' ἴσης. Plutarque a donc pû lire, comme il a lû, sans faire tort au sistême d'Epicure. Peut-être même que cette leçon est la seule bonne ; car, après tout, Epicure ne fait que mettre en œuvre le remede que la Philosophie procure à ses partisans au milieu des tourmens. Or ce bonheur ne peut être que le souvenir des plaisirs passez ; car on sait qu'ils n'étoient pas tous dans le cas de se rappeller le souvenir de leurs belles inventions. Nous n'avons pas le tems d'entrer ici dans une plus longue discussion.

» pellant les preuves des impor-
» tantes veritez que j'ai établies.
» Je vous recommande les enfans
» de Métrodore (*a*). C'eſt un ſoin
» digne de l'attachement que vous
» avez eu, dès votre jeuneſſe,
» pour la Philoſophie & pour moi.

Ciceron conſiderant cette Lettre, avoue qu'Epicure eſt grand & admirable dans ce moment ; que ſa mort eſt comparable à celle des plus fameux héros de la Grece : *Non ego jam Epaminondæ, non Leonidæ mortem hujus morti antepono.* Mais en même-tems il ſoutient que ce qu'il a dit en mourant, eſt le cri de la nature contre ce qu'il a enſeigné pendant ſa vie ; que pénétré de ſa ſituation, & parlant de l'abondance du cœur, il s'eſt oublié lui-même, & a perdu

———

(*a* Métrodore, ami & diſciple d'Epicure, étoit mort il y avoit ſix ou ſept ans. Il avoit eu pluſieurs enfans de Leontium.

de vûe les principes essentiels de sa philosophie. » Tournez - vous » comme il vous plaira, ,, dit-il à Torquatus, » vous ne trouve- » rez rien dans cette Lettre si belle » de votre maître, qui soit d'ac- » cord avec ses dogmes : il se ré- » fute lui-même. Reprenons ses » paroles : » c'est toujours Ciceron qui parle, » & voyez la diférence » qu'il y a entre sa doctrine & sa » conduite. *Je vous écris dans cet* » *heureux jour le dernier de ma* » *vie. Je souffre des douleurs au-* » *dessus de tout ce qu'on peut ima-* » *giner.* »

» S'il est vrai, comme Epicure » l'a enseigné, que la douleur soit » le souverain des maux, comme » la volupté est le souverain des » biens, voilà sans doute un hom- » me malheureux : il n'est pas pos- » sible d'en disconvenir. Comment » donc peut - il dire qu'il est heu- reux ?

« reux ? Continuons. J'oppose à
» ces douleurs la joie que je res-
» sens dans mon esprit en me rap-
» pellant les preuves de la Philo-
» sophie que j'ai établie. Mais,
» Epicure, songez-vous que vous
» avez écrit qu'il n'y avoit aucune
» joie, aucun plaisir, qui ne fût
» rélatif au corps ? Que pouvez-
» vous lui rapporter dans l'état af-
» freux où vous êtes, pour en
» concevoir de la joie ? *Je me rap-*
» *pelle avec plaisir le passé.* Quel
» est-il ce passé ? Celui qui a rap-
» port au corps ? Vous ne parlez
» dans votre lettre que du souve-
» nir de vos argumens & de vos
» preuves philosophiques. Celui
» qui a rapport à l'ame seulement?
» Vous vous êtes donc trompé,
» quand vous avez assuré que tou-
» tes les joies de l'ame étoient es-
» sentiellement relatives au corps.
» Mais quel rapport, l'attention

» tendre que vous avez pour les
» enfans de Métrodore (a), peut-
» elle avoir avec votre corps ?
» Convenez plutôt qu'il y a dans
» le cœur de l'homme des senti-
» mens généreux par lesquels les
» belles ames font le bien, sans
» autre salaire que celui de l'avoir
» fait. Vôtre lettre est un hom-
» mage que vous rendez malgré
» votre philosophie, à cette pré-
« cieuse vérité. Dans les autres
» sectes la théorie est plus belle
» que la pratique : chez vous, c'est
« le contraire : vous faites mieux
» que vous n'avez dit. » Ainsi raisonnoit Ciceron plaidant la cause de la vertu, & trouvant des titres pour elle jusques dans l'école de la volupté.

Nous sera-t-il permis de sou-

___

(a) *Leontium ab Epicuro & Metrodoro amata. Fabr. L. III.* c. 33. §. 3. V. Laër. L. X. 4. 5. 6. 23.

mettre cette même Lettre à un nouvel examen; &, fuppofé qu'il en forte quelques conféquences un peu diférentes de celles que l'Orateur philofophe en a tirées, de les préfenter avec cette liberté qui ne bleffe jamais la Philofophie, & dont cependant je n'uferai qu'avec timidité vis-à-vis d'une fi grande autorité ?

Les dernieres paroles d'un mourant ne doivent être cenfées le cri du cœur, que dans les hommes fimples, qui fe laiffent conduire, jufqu'à la fin, par la nature. On conçoit que dans cette extremité le cœur fe déchirant par la violence du dernier coup, doit laiffer échapper des fentimens que l'homme peut avoir cachez, ou n'avoir pas demêlez pendant fa vie: le preftige, ou fi on veut, le mafque tombe, & la verité feule refte.

Il en est tout autrement de l'homme qui se détermine à mourir, qui choisit son jour, son heure, son moment. Pour peu qu'il soit philosophe, il fait ses apprêts, & tâche de mourir conséquent. Le même art qui a soutenu ses sentimens pendant sa vie, en arrange encore les expressions au moment de l'adieu. Or c'est ainsi qu'il semble qu'Epicure est mort.

Comme on pourroit nous contester ce fait, que personne jusqu'ici ne semble avoir déterminé, on nous permettra de nous arrêter un instant, pour discuter les raisons sur lesquelles nous appuyons nos conjectures.

Dans les premiers siécles de la Philosophie, les sages, pleins de respect pour les loix de la nature, croyoient bonnement que c'étoit à elle-seule à marquer le dernier de nos momens, & à nous y conduire par la route qu'elle jugeroit à propos de choisir. Si la fortune des choses humaines s'avisoit quelquefois de déranger le plan de la nature; ils s'y soumettoient encore, attendant toujours l'ordre, & ne le prévenant jamais. C'est ainsi que sont morts Thalès, Solon, Phérécide, Pythagore, Héraclite, Anaxagore, Parménide, Socrate, Antisthène, & d'autres, dans les vieux tems de l'ancienne Philosophie.

Ce ne fut que quand on eut rafiné sur la question du bien-être & du *mal-être*, & sur les fins de l'homme pendant sa vie & après sa mort, qu'on commença à établir une autre méthode de mourir. Le Philosophe étant, disoit-on, aussi libre que les Dieux (parce que la Philosophie n'est autre chose que l'art de se posseder soi-même) devoit-il rester à la discrétion de la fortune cruelle, ou de la nature ingrate, qui le détruisent souvent par des longs supplices? S'il est un cas où la Philosophie doit délivrer l'homme, c'est dans cette derniere crise; ou bien ses promesses ne sont que des mots. Ainsi, le sage calcule la somme des biens & celle des maux qui lui restent dans la vie. Si la premiere l'emporte, il consent de vivre; si c'est l'autre, il lui convient de mourir: *In quo plura sunt quæ secundùm naturam sunt, hujus officium est in vitâ manere; in quo autem sunt plura contraria aut fore videntur, hujus officium est è vitâ excedere.* Ce sont les paroles d'un Stoïcien (a). Si nous disons que les Epicuriens pouvoient les adopter, parce qu'ils avoient à peu-près les mêmes principes, ce ne fera point un paradoxe pour ceux

(a) Seneque.

qui ont vû de près la Philosophie ancienne.

Les Stoïciens détruisant à la mort tout sentiment individuel de l'homme, rejetoient l'ame dans le principe universel de la nature. Ce principe étoit le feu, cause materielle & efficiente de tous les êtres, mûe, reglée & déterminée par le destin, c'est-à-dire, par une roue de nécessité, dont la révolution embrassoit & entraînoit l'ensemble & la suite de tous les êtres (a).

Les Epicuriens anéantissoient de même tout l'être individuel de l'homme, & en rejetoient les parties composantes dans la masse commune des atômes; mais au lieu de la nécessité fatale pour ouvrir les portes de la vie & de la mort, ils employoient le hazard aveugle. Ces deux causes dans l'a-

(a) V. I. Part. Art. 6.

nalyse revenant au même, devoient avoir la même influence sur la conduite des hommes. Aussi quand la mesure de la vie étoit remplie à-peu-près, & que les facultez presque usées, les avertissoient de préparer le départ, ils avoient les uns & les autres les mêmes raisons pour mourir; c'est-à-dire, pour faire un sacrifice, où, sans rien perdre, ils gagnoient une diminution de douleur, & un accroissement de gloire.

Ce fut par ces considérations, que Zénon, chef des Stoïciens, s'étant cassé un doigt en tombant, crut entendre la voix de la nature, & s'étrangla pour lui obéir; que Diogène luttant contre la fiévre, trouva le sécret de la vaincre, en retenant sa respiration.

Démocrite pere des atômes, seroit mort, dit-on, dans le tems de la fête de Cérès; mais sa sœur voulant y assister, le pria de différer de quelques jours. Il eut pour elle cette complaisance, & remit à mourir au lendemain. Epicure avoit ces exemples fameux devant les yeux. Ceux des Stoïciens surtout, qui reprochoient à sa doctrine d'affoiblir l'ame & d'énerver le courage, le déterminerent à leur opposer un trait de cette vigueur & de cette liberté, auxquelles il n'aspiroit pas moins que les prétendus héros du Portique.

Il étoit âgé de soixante-douze ans : il avoit été toute sa vie tourmenté de la gravelle. Ses douleurs depuis quatorze jours étoient portées à un dégré inexprimable. Il étoit d'ailleurs d'une complexion si merveilleusement foible, que Métrodore, celui dont nous avons parlé, en avoit fait le sujet d'un livre : à peine, selon le récit de Suidas, pouvoit-il porter ses habits, descendre de son lit, voir la lumiere & le feu.

Dans cet état de foibiesse & d'anéantissement, il prend son jour pour mourir. Le jour arrivé, il écrit la lettre que nous avons vûe; ensuite il se fait descendre dans un bain d'eau chaude, où il expire, après avoir avalé du vin pur. C'est le récit de Diogène-Laërce.

Epicure avoit plus de Physique qu'il n'en falloit, pour prévoir qu'un corps excessivement foible par lui-même, & attenué par une longue diette & des douleurs aigues, ne pourroit soutenir le bain chaud. Il n'est point de médecin assez hardi pour l'employer dans ces états de foiblesse extrême. On peut donc supposer que le bain lui ôta le reste de ses forces & le fit mourir.

Ainsi quand Diogène-Laërce, Gassendi, Bayle & les autres, nous

D'EPICURE. 299

disent qu'Epicure mourut dans les douleurs de la pierre, ils disent ce qui est vrai: mais ils ne disent pas tout ; & par cette réticence ils nous induisent à croire que ce fut la pierre qui le fit mourir. Elle le fit mourir, comme la victoire de César fit mourir Caton ; comme la fistule fit mourir Atticus: c'est-à-dire, qu'elle le détermina à prendre son parti dans ce moment plutôt que dans un autre. Sans cette circonstance, la mort d'Epicure pourroit-elle être comparée à celles de Léonidas & d'Epaminondas? Il prit son jour ; il fit les apprêts, il choisit le moyen. C'en est assez pour faire croire qu'il mourut libre & de son propre mouvement.

Cela posé, voici comme on pourroit raisonner sur la lettre dont il s'agit.

Epicure ayant marqué le moment de sa mort, pouvoit ne laisser aucun monument de ses dernieres pensées. Voulant en laisser un, est-il vrai-semblable qu'il ait voulu que ce monument détruisît par un seul mot, tout ce qu'il avoit écrit pendant sa vie ; ou que, le détruisant, il ne l'ait pas senti ? L'équité semble exiger qu'on n'en porte ce jugement qu'après qu'on aura vû que les expressions de sa lettre ne peuvent recevoir un autre sens.

Epicure a dit qu'il étoit heureux dans ses douleurs; & que son bonheur venoit de ce qu'il se rappelloit ses découvertes.

Il semble que dans son sistême, c'étoit ainsi qu'il devoit parler.

Il faisoit consister le souverain bien dans la cessation de la douleur. Il en souffroit de cruelles depuis quatorze jours. Mourant ce jour-là, il voyoit le moment de sa délivrance : il y touchoit ; il y étoit. Il pouvoit donc dire : Je suis heureux. Il l'étoit en effet ; parce qu'un homme qui souffre depuis long-tems, ne souffre plus lorsqu'il touche au terme certain de ses maux.

Mais ce bonheur n'étoit-il point troublé par la crainte de la mort ? Nullement. La mort n'est rien, selon Epicure, & ne nous fait rien, parce que tant que nous sommes, elle n'est pas encore, & que quand elle est, nous ne sommes plus (a). Ne craint-il pas les suites de la mort ? Encore moins. Epicure se rappelle ses preuves & ses prétendues démonstrations, où il réduit tout en atômes qui ne sentent rien. Cette pensée présente à son esprit, & mise en opposition vis-à-vis des maux qu'il endure, est un contre-poids qui emporte sa

(a) Ep. à Menécée.

douleur. Il voit dans le tombeau où il va descendre, un sommeil & une insensibilité éternelle. Il y a plus : cette joie qu'il ressent est toute relative au corps, comme elle doit l'être, selon Ciceron, pour être le fruit naturel de sa Philosophie. Cela est évident : son corps ne souffrira plus.

Mais d'où vient ce souvenir tendre pour les enfans de Métrodore ? Que peut-il en revenir à son corps, surtout quand il ne sera plus ? C'est un reste de bienfaisance dont il fait une derniere leçon à ses disciples ; parce que cette vertu, nécessaire à tout homme dans la société, est essentielle à quiconque met tout son bonheur en cette vie. C'est la seule de toutes les vertus qui rapporte au centuple. Elle est le prix & le garant de la bienveillance des autres hommes, sans laquelle il n'y a dans la vie, ni paix, ni plaisir, ni sureté. Epicure ayant eu le tems de méditer une lettre si courte, en a pesé toutes les expressions ; & il a vû que ce sentiment de tendresse, venant à la suite de ceux que sa Philosophie avoit approuvez dans le cours de sa vie, pouvoit entrer dans l'ordre des rapports dont il avoit pensé que le corps étoit le centre.

En deux mots : ci-devant, quand Epicure ressentoit les douleurs de la faim & de la soif ; il buvoit ou mangeoit, pour se délivrer de l'une ou de l'autre : quand il ressentoit des maladies supportables ; il les supportoit, en attendant les intervales du mieux, ou le repos de la guérison. Aujourd'hui, qu'il éprouve des maux excessifs, & qui le menacent, à soixante & douze ans, d'une destruction, qui, selon son âge même, étoit peu éloignée, tout bien consideré dans le préfent & dans l'avenir, il quitte un pofte fouverainement malheureux, où le hazard feul, à qui il ne doit rien, l'avoit placé. Diogène le cynique avoit dit dans le ftyle de fon Ecole, qu'il falloit faire provifion de philofophie ou de cordes. Il a cru, lui, qu'il falloit ôter la disjonctive, & fe munir de tous les deux. Il meurt, non comme le Héros d'Utique, en fe poignardant lui-même, tragiquement, dans un moment où il étoit feul; mais en s'éteignant doucement, & peu à peu, au milieu de fes amis. Il s'affaiffe dans un bain d'eau chaude, qui, en même-tems qu'il adoucit fes douleurs, acheve de relâcher les foibles liens qui le retenoient encore, & le conduit à la mort, fous l'apparence & avec tous les accompagnemens du fommeil.

C'étoit ainfi qu'un philofophe voluptueux

voluptueux, qui ne connoissoit de loix que celles du hazard, du mécanisme, & de l'opinion, devoit terminer ses jours, dans l'endroit où son être cessoit d'être un bien pour lui. Il s'est délivré de la vie pour se délivrer de la douleur. C'est l'exemple qu'il a laissé à ses disciples.

Reste à savoir, si la douleur, qui fait renoncer à la vie, ne sera pas assez forte pour faire renoncer à la vertu. C'est la derniere analyse de la Morale d'Epicure, où on trouve aussi le principe essentiel de sa réfutation.

ARTICLE V.

Extraits de la Lettre d'Epicure à Hérodote (a).

CEtte Lettre & celle à Pythoclès qui suit celle-ci, pourroient fournir la matiere de plusieurs volumes à quiconque entreprendroit d'exposer en détail les dogmes qu'elles contiennent. Que de choses à dire, si on vouloit comparer ces dogmes avec ceux des autres Philosophes anciens & modernes; si on vouloit les justifier, ou les réfuter par l'expérience des tems, & par les découvertes des derniers siécles!

Nous ne les traduirons pas en-

___

(a) Cet Hérodote étoit disciple & ami particulier d'Epicure.

tierement pour deux raisons : la premiere est, qu'il y a plusieurs morceaux qui n'ont que des rapports très-éloignez avec notre objet : la seconde est que, dans ces mêmes morceaux, le texte est si incertain, & le sens du texte si obscur & si embrouillé, qu'au lieu de donner les paroles mêmes d'Epicure & ses pensées, nous n'eussions offert que les incertitudes & les conjectures des Commentateurs.

Epicure commence celle à Hérodote, par l'exposition même de ses vues : c'est de faire un précis court & clair des principes généraux de sa philosophie, une sorte de manuel, contenant les véritez fondamentales de son sistême, tellement réduites, que l'application puisse s'en faire aisément à tous les détails, dans les occasions qui se présentent fréquemment de raisonner sur les objets physiques. Nous commençons.

I.

Maxime fondamentale dans la Physique des Anciens. seg. 39. (*a*)

» La premiere vérité, qui sert de
» base à tout le reste, est qu'il ne se
» fait rien de ce qui n'est pas; &
» que rien de ce qui est ne se réduit
» à n'être pas (*b*). Car s'il se faisoit
» quelque chose de ce qui n'est
» pas; toute matiere seroit propre
» à former toutes sortes d'êtres:
» il ne faudroit ni semences, ni
» matiere organisée. Et si ce qui
» se détruit se réduisoit à ce qui
» n'est pas ; toutes les espéces
» périroient, parce qu'il ne reste-

(*a*) Ces chiffres marquent l'endroit du texte de Diog. Laër. L. X.
(*b*) C'est Gassendi qui ajoute ce dernier membre, pour figurer avec ce qui précéde & ce qui suit.

« roit rien de ce qu'elles auroient
« été. »

Epicure n'a pas dit, *rien ne se fait de rien*, οὐδὲν ἐξ οὐδενός, mais rien de ce qui n'est pas, οὐδὲν ἐκ τοῦ μὴ ὄντος. Le non-être est ce qui est sans forme, sans nature fixe & déterminée. Le rien, ou le néant, est ce qui n'est point du tout (*a*). La matiere premiere, si elle existoit, seroit non-être dans le sens d'Epicure, quoi qu'elle ne fût point néant. Ainsi, le sens de ce premier principe est qu'il y a dans les premiers élémens, qui sont, selon Epicure, les atômes, une configuration éternelle &

(*a*) Colotes, dit Plutarque, qui n'avoit pas l'ombre de Philosophie, a pris pour une même chose, *l'homme non-être*, & *l'homme néant*. Mais Platon met une grande différence entre le non-être & le néant. Voyez le passage entier *adv. Col.* p. 1115.

inaltérable, qui détermine la forme des êtres, & qui la maintient conftament dans les individus de la même efpéce, fans y faire intervenir le miniftere de la Divinité. C'eft la maxime, *Rien ne fe fait fans caufe*, reftrainte aux caufes mécaniques: elle eft de Leucippe. Nous avons développé les fens qu'on peut lui donner, dans une differtation donnée à l'Académie en 1756.

« L'Univers a toujours été ce qu'il eft aujourd'hui, & il fera toujours le même. Il n'eft rien en quoi il puiffe être changé. Il n'y a rien hors de lui qui puiffe lui être ajouté, ni caufer en lui quelque diférence (*a*) ».

Par *univers*, Epicure entend

─────────

(*a*) Ocellus Lucanus a dit la même chofe dans le même fens. Chap. I. *de Nat. Univ.* On peut même dire que cette doctrine eft commune à tous les Philofophes de l'antiquité, fans exception.

non le monde, mais la masse universelle des atômes dans l'espace infini.

II.

Principes de Composition. seg. 40.

« L'Univers est partie corps, & partie espace, ou vuide. L'existence des corps se prouve par le témoignage des sens, par lesquels nous arrivons aux connoissances de raisonnement, comme nous l'avons dit ailleurs (*a*). Et s'il n'y avoit point ce que nous appellons vuide, lieu, espace, nature intactile, les corps ne pourroient être dans le lieu, ni se mouvoir au travers du lieu, comme il est évident qu'ils s'y meuvent.

« On ne peut concevoir ni par idée directe, ni par analogie avec

_____

(*a*) Voyez l'explication des Maximes | XXV. XXVI. &c. pages 221. & *suiv.*

» les idées directes (*a*), aucune
» autre chose qui soit par elle-
» même. Car nous ne parlons
» pas des essences qui résultent des
» combinaisons, ni des modes
» qu'on appelle accidentels (*b*).

III.

Corps simples & Corps composez.

» Parmi les corps, il y en a de
» composez, & d'autres simples,
» dont se forment les composez.
» Les simples sont indivisibles &
» inaltérables; car toutes choses se
» réduiroient au non-être, si elles
» n'avoient pas en elles des prin-
» cipes indissolubles, dans la dis-

(*a*) L'intention d'E-
picure est de faire croi-
re qu'il n'y a point
d'être simple, intel-
ligent par sa nature,
& par conséquent,
point de providence
universelle.

(*b*) Lec. de Gas-
sendi.

»solution même du composé (a).
» Or, ces principes sont tels, parce
» qu'ils sont pleins, & qu'ils ne
» donnent aucune prise aux dis-
» solvans.

IV.

L'Univers est sans borne. Ibid.

» L'Univers est infini. Car ce
» qui est fini a une extrémité : ce
» qui a une extrémité, peut être
» vû d'ailleurs ; l'univers ne peut
» être vu d'ailleurs ; il n'a donc
» point d'extrémité, ni par consé-
» quent de fin, il est donc infini.
» Or, il est infini *de deux manieres*:
» en nombre, par la multitude des
» atômes ; en étendue, par l'im-
» mensité de l'espace. Car si l'es-
» pace étant infini, le nombre des
» atômes étoit fini, les atômes ne

(a) Voyez la note sur le premier article de cette Lettre.

» s'arrêteroient nulle part; mais ils
» se perdroient dans l'espace, sans
» trouver aucun obstacle qui mo-
» difiât leur mouvement par le
» choc. Si d'un autre côté, le nom-
» bre des atômes étant infini, l'es-
» pace étoit fini, le lieu manque-
» roit aux atômes.

V.

Configuration des Atômes.   Seg. 41.

« Les atômes ou corps pleins,
» dont se forment les différentes
» concrétions, comme de leurs
» élémens, ont un nombre indé-
» fini (*a*) de figures différentes.
» Sans cela, on ne pourroit ren-
» dre raison de cette variété de

(*a*) ἀπελάντα. Ce sont ces figures essentielles aux atômes, qui font leur organisation, & qui préparent & entretiennent les combinaisons spécifiques des élémens, & ensuite de tous les êtres qui sont composez des élémens.

D'Epicure. 315
» configurations qui se trouvent
» dans la nature. Il y a une infinité
» d'atômes dans chaque espéce de
» leurs configurations ; car sans
» cela, les atômes ne seroient pas
» infinis en nombre. Mais ces con-
» figurations, nous l'avons dit, ne
» sont qu'indéfinies en nombre,
» & non pas infinies : parce que si
» elles étoient infinies, il faudroit
» qu'il y eût des atômes d'une
» étendue infinie, une infinité de
» configurations supposant l'éten-
» due infinie dans quelques espé-
» ces d'atômes (a). »

Epicure veut dire, selon Gas-

(a) Nous avons suivi la leçon de Gassendi. Diogène-Laërce ajoute de lui-même, comme une nouvelle preuve du nombre fini des configurations, l'impossibilité de la division à l'infini. En effet, si la divisibilité s'arrête à un certain point ; il s'ensuit qu'il y a plusieurs configurations de moins dans la nature des atômes ; par conséquent, que les configurations ne vont point jusqu'à l'infini.

fendi, que plus il y a d'étendue dans un corps, plus il y a pour ce corps de configurations possibles. Un atôme qui auroit cent millions de faces, seroit nécessairement plus grand que celui qui ne peut en avoir que quatre, & ainsi de suite, en suivant la progression jusqu'à l'infini.

VI.

Mouvemens des Atômes. Seg. 43.

« Les atômes ont un mouve-
» ment continû & éternel (a).
» Les uns sont emportez à une
» grande distance ; d'autres ont un
» mouvement de trépidation, lors-
» que, par le mouvement de dé-

(a) Diogène ajoute qu'Epicure dit plus bas qu'ils se meuvent d'une vitesse égale, parce que ce mouvement se faisant dans le vuide, la pesanteur ou la légéreté de l'atôme, ne causent point de différence dans leurs mouvemens.

» clinaison, ils se sont accrochez
» mutuellement, ou qu'ils se trou-
» vent engagez dans quelque con-
» crétion.

VII.

D'où vient le mouvement des Atômes? Seg. 44.

» La cause de ce mouvement
» est d'un côté, la nature même
» de l'espace, qui environne cha-
» que atôme sans le contraindre
» aucunement; & de l'autre, la du-
» reté de ces mêmes atômes, qui
» occasionne des répercussions,
» selon la nature des concrétions
» qui se choquent. Ces mouve-
» mens n'ont point eu de com-
» mencement, parce que les atô-
» mes & le vuide n'en ont point
» eu (*a*).

(*a*) Diogène ajoute qu'Epicure dit plus bas que les atômes n'ont aucune qualité que la configura- tion, la grandeur &

« Ce petit nombre de principes
» peut déjà fournir des idées de la
» nature.

VIII.

Pluralité des Mondes. seg. 45.

» Il y a une infinité de mondes,
» dont les uns reſſemblent à ce-
» lui-ci, les autres ne lui reſſem-
» blent pas. Car les atômes étant
» infinis en nombres, comme nous
» l'avons démontré, & ſe portant
» dans divers endroits de l'eſpace
» infini, ils ſe rencontrent loin de
» ce monde, dans une infinité de
» lieux, pour y former une infinité
» de mondes. Les atômes ſont un
» fonds qui ne s'épuiſe pas, ni par
» la formation d'un monde, ni
» par la formation d'un nombre de
» mondes qui ſeroit fini, de telle

la peſanteur; que | par la ſeule poſition
les couleurs varient | des atômes.

» espéce ou de telle autre espéce.
» Ainsi, rien n'empêche qu'il y ait
» une infinité de mondes.

IX.

Causes de nos sensations.

» Il y a des simulacres, ou ima-
» ges, semblables aux corps; mais
» qui sont d'une finesse dont rien
» n'approche. Car il ne répugne
» point que dans l'espace environ-
» nant il se forme de ces surfaces
» minces, ni que les atômes se
» prêtent à la finesse & à la conve-
» xité de ces simulacres; ni enfin
» que ces simulacres s'élévant des
» corps, conservent quelque tems
» les positions & les rapports de
» leurs parties. Nous appellons ces
» images, tantôt idoles, tantôt
» simulacres (*a*). »

(*a*) Tout ce qu'Epi-
cure a dit de ces ima-
ges, a été dit par d'autres, anciens &
modernes, de la lu-
miere réfléchie.

X.

Génération des Images. seg. 48.

« La génération des images va
» aussi vîte que la pensée. Car le
» flux des surfaces étant continû,
» la succession des parties ne peut
» être discernée (*a*), parce qu'elles
» se suivent sans aucune interrup-
» tion, en conservant pendant
» quelque tems l'ordre des atô-
» mes, & la position réciproque
» des parties du corps, d'où elles
» émanent, jusqu'à ce qu'enfin elles
» se brouïllent & se confondent.
» Les images qui se forment d'el-
» les-mêmes dans l'air peuvent se
» former aussi rapidement que les
» autres ; parce qu'elles sont toutes
» en superficie. Il y a sans doute
» d'autres manieres pour les for-
» mer ; on les admettra, pourvû

(*a*) Meib. lit, διοθρα, au lieu de σιμενσιι-

qu'elles

» qu'elles ne soient point détruites » par les sensations évidentes, & » qu'on voie comment elles peu- » vent produire leurs effets sur » nous (*a*). »

Epicure admet ces images que le hazard forme dans les airs, pour expliquer les rêveries des malades, ou des fous, qui ayant des idées bizares, doivent les avoir reçues, selon ce Philosophe, de quelque objet extérieur. Il en est de même des idées qu'on a de la Divinité. On voit dans les phantômes de l'imagination les Dieux comme des géans qui traversent les airs, ou qui regnent dans le vuide des intermondes. Si on les voit, ils sont; parce que toutes nos idées étant vraies, il faut qu'elles aient été produites par un objet vrai & réel.

(*a*) Cette dernie- | paru d'un sens très-
re période nous a | équivoque.

XI.

Qualitez des Atômes. seg. 54.

« Les atômes n'ont par eux-mê-
» mes aucunes qualitez sensibles,
» que la figure, la pesanteur, l'é-
» tendue, & celles qui tiennent né-
» cessairement à ces trois. Toutes
» les autres, telles que la couleur,
» la chaleur, &c. changent selon
» l'arrangement des atômes. Par
» consequent, elles ne sont point
» dans les atômes. Leurs qua-
» litez propres & inhérentes, qui
» sont celles que nous avons indi-
» quées, ne sont pas plus altéra-
» bles que les atômes.

« Il faut bien qu'il reste quelque
» chose d'indissoluble après la dis-
» solution des mixtes, par quoi les
» changemens se fassent, non de
» l'être au néant, ni du néant à
» l'être, mais par la transposition

» de plusieurs parties, & par l'ad-
» dition & le retranchement de
» quelques autres. Il suit de là,
» que tout être dont les parties ne
» peuvent être transposées, est
» dès-lors incorruptible ; par-
» conséquent, les atômes & leurs
» figures le sont, puisqu'ils restent
» les mêmes dans toutes les dé-
» compositions ».

XII.

Egalité du mouvement des Atômes.

« Le mouvement de tous les
» atômes est nécessairement égal,
» tant qu'ils se meuvent dans le
» vuide, parce que rien ne les ar-
» rête. Les plus pésans n'ont point
» plus de vitesse que les plus lé-
» gers ; parce qu'il n'y a pas plus
» d'obstacle aux uns qu'aux autres;
» ni les plus petits que les grands;

» parce que l'espace est également
» libre pour les uns & pour les au-
» tres. C'est toujours la même vi-
» tesse, que le mouvement soit
» direct ou réfléchi, en enhaut, par
» les chocs, ou en enbas, par leur
» propre poids.

XIII.

Nature de l'Ame. seg. 63.

« Considérons maintenant les
» sensations & les affections de
» l'ame : elles nous feront com-
» prendre aisément que l'ame est
» un corps très-subtil, répandu
» dans toute une combinaison or-
» ganisée, & très-approchant d'un
» soufle de flamme, tenant à la
» fois de l'air & du feu. Cependant
» les parties de ce feu surpassent
» encore en finesse celle de ces
» deux élémens. C'est ce qui rend
» l'ame sensible à toutes les affec-

» tions du composé. Cette nature
» de l'ame est prouvée par ses fa-
» cultez, par ses affections, par
» son agilité, par ses pensées, &
» par toutes les propriétez que la
» mort nous fait perdre.

» L'ame est la principale cause
» du sentiment, qu'elle ne pro-
» duiroit pas cependant, si elle n'é-
» toit pas attachée à une certaine
» organisation. Le corps organisé,
» qui met l'ame en état de sen-
» tir, partage avec elle, & par
» elle, cette faculté; quoiqu'il ne
» partage pas les autres. C'est pour-
» quoi l'ame se retirant, le corps
» ne sent plus. Il n'avoit point par
» lui-même le sentiment, mais par
» son union avec un autre être,
» qui l'a, par sa conformation natu-
» relle, φύσυ, c'est-à-dire, par une
» faculté préparée en elle pour
» recevoir par le mouvement, des
» impressions sensibles, & les com-

» muniquer au corps, à cause de
» la cohésion intime & du rapport
» sympatique de ces deux parties.

« Et voilà pourquoi tant que
» l'ame est unie au corps, quand
» même on en retrancheroit des
» membres, la sensibilité subsiste.
» Mais cette sensibilité n'est plus
» dès que l'ame a péri par la dis-
» solution, soit de tout le corps,
» soit de quelqu'une de ses parties,
» où l'ame est contenue principa-
» lement. Le corps reste entier,
» & avec toutes ses parties, quoi-
» que sans sentiment, parce qu'il
» a perdu cette quantité d'atômes
» déterminée par la nature, pour
» constituer l'essence de l'ame.

XIV.

Ce que devient l'Ame après la mort.«

« Quand ce composé se dissout,

» l'ame se disperse & n'a plus les
» mêmes facultez. Elle ne reçoit
» plus d'impressions par le mou-
» vement, & par conséquent, elle
» n'a plus de sentiment : car on ne
» peut concevoir que le sentiment
» reste dans un être qui n'a plus les
» mêmes rapports, & qui ne reçoit
» plus les mêmes impressions que
» lorsqu'il sentoit.

XV.

De quels atômes l'Ame est composée. Ibid.

« L'ame est composée d'atômes
» très-polis & très-ronds, assez
» semblables aux atômes de feu,
» (*a*).

XVI.

Où réside l'Ame. Ibid.

» La partie raisonnable de l'ame

(*a*) Lec. de Gass. Meibom lit, très-di- | ferent des atômes de feu.

» a son siege dans la poitrine;
» comme il paroît par les sensa-
» tions de joie & de crainte : &
» sa partie irraisonnable est dans
» tout le reste du corps (a).

» Maintenant si on rapporte tout
» ce que nous avons dit sur l'ame,
» aux passions & aux sensations
» qu'elle éprouve, & qu'on se rap-
» pelle en même-tems ce que nous
» avons dit dans le commence-
» ment, il sera aisé d'appercevoir
» qu'elles ont toutes leur origine
» dans les impressions reçûes, par
» lesquelles on explique tous les
» détails.

XVII.

*Formation des Mondes par les tour-
billons.* Seg. 73.

» Les mondes, ainsi que toutes
» les autres concrétions finies, qui

(a) Voyez I. Part. Art. 4.

» ont de la ressemblance avec tous
» les objets que nous voyons, se
» sont formez de l'infini en se sé-
» parant par des tourbillons parti-
» culiers, les uns plus grands, les
» autres plus petits. Ils se détrui-
» ront les uns plutôt, les autres
» plus tard, les uns par une cause,
» les autres par une autre.

» Il ne faut pas croire non-plus
» que tous les mondes aient né-
» cessairement la même figure.
» Les uns sont ronds, les autres
» ovales, les autres autrement.
» Cependant toutes sortes de figu-
» res ne leur conviennent pas.

XVIII.

Oisiveté des Dieux. Seg. 76.

» Quant aux choses célestes,
» il ne faut pas croire que les mou-
» vemens des astres, leurs retours,
» leurs éclipses, leurs levers, leurs

» couchers, & les autres phéno-
» ménes semblables soient causez
» par aucune puissance heureuse &
» immortelle qui les gouverneroit,
» ou qui leur auroit donné des
» loix dans le commencement.

» Peut-on concilier les soins,
» les détails pénibles, le cour-
» roux, la faveur, avec le parfait
» bonheur ?

» Ils ⬛ conviennent qu'à la
» foiblesse, à la crainte, à l'indi-
» gence (a). On ne dira point
» non-plus que ce sont je ne sais
» quels Etres divins & heureux qui
» aient voulu d'eux-mêmes se
» charger de rouler avec les astres
» (b) ? N'usons que de termes
» convenables au respect que nous

(a) Voyez Max, I.

(b) M. Mebom, dont nous avons suivi la leçon, prétend qu'E-picure attaquoit indi-rectement Aristote, qui avoit dit que les as-tres étoient conduits par des êtres de nature etherée ou de feu cé-leste.

» leur devons, & dont on ne puisse
» rien déduire qui n'y soit con-
» forme : sans quoi nous en serons
» bien-tôt punis par le trouble in-
» térieur de nos ames. Disons que
» dans le commencement il s'est
» formé des tourbillons d'atômes
» qui ont produit le monde, & en
» même-temps ces loix constantes
» & immuables qui en perpétuent
» les phénomènes.

XIX.

Les Dieux ne sont nullement à craindre.

« Enfin, ajoûtons à tout ce que
» nous avons dit, que la plus grande
» peine qui fatigue les ames hu-
» maines est de croire qu'il y a des
» Etres éternels, & heureux, qui
» aient des fonctions, des volon-
» tez, des passions, qui ne peu-
» vent cependant point s'accorder

» avec ce bonheur & cette immor-
» talité, & de voir en perspective
» des malheurs éternels dont les
» hommes sont menacez par les
» fables..., se donnant par leurs
» fausses idées, & leurs sotes
» frayeurs des tourmens & des
» maux aussi réels & aussi conti-
» nus que s'il y en avoit des cau-
» ses réelles. La tranquilité d'ame
» demande qu'on s'affranchisse de
» toutes ces opinions, & qu'on
» se tienne constament aux prin-
» cipes généraux. »

ARTICLE VI.

Extraits de la Lettre d'Epicure à Pythocles.

PYTHOCLES étoit un jeune-homme qui avoit mérité l'amitié particuliere d'Epicure. C'étoit, dit Gassendi, d'après Plutarque, le plus beau naturel qu'il y eût dans la Grèce. Il a eu raison de ne point traduire le reste de l'éloge (*a*). Ce fut à sa priere qu'Epicure se détermina à faire sur les Météores, c'est-à-dire, sur les phénomênes, qui annoncent avec plus d'éclat, l'existence & la puissance d'un Maître souverain dans la nature, ce qu'il avoit fait sur les premieres causes physiques,

(*a*) *Adv. Col.* p. 1124. C.

je veux dire un précis de sa doctrine, où l'on vît avec évidence dans une expofition réduite, la caufe naturelle & mécanique de ces phénomênes ; & par conféquent, l'inutilité d'une Caufe premiere & intelligente, dont les fonctions fe portant fur les détails de la nature, auroient pû fe porter jufqu'à la conduite de l'homme, & rendre celui-ci jufticiable d'un tribunal qui auroit pû influer fur fon bonheur & fur fon malheur. Voilà l'objet d'Epicure dans cette lettre. On va l'entendre lui-même.

I.

Pourquoi on étudie la Phyfique. 82.

« Mettez-vous d'abord dans
» l'efprit qu'on ne doit fe propofer
» l'étude des phénomênes cé-
» leftes, foit en général, foit en
« particulier, pour d'autres fins

» que la paix de l'ame & la tran-
» quilité de l'esprit. C'est l'objet
» unique de toutes les parties de
» la philosophie. Cependant, il
» ne faut point demander l'impos-
» sible sur cette matiere, ni exiger
» par-tout des principes aussi
» évidents qu'en Morale, ou en
» Physique, tels que ceux-ci, *l'u-*
» *nivers est corps & vuide, les pre-*
» *miers corps sont indivisibles*, &
» d'autres semblables, dont les ob-
» jets n'ont qu'une maniere d'être,
» pour être d'accord avec les phé-
» nomênes. Car cela ne se trouve
» point dans la matiere présente,
» où le même phénomène peut
» avoir diférentes causes, & par-
» conséquent diférentes explica-
» tions, également d'accord avec
» les idées produites par les sens.
» Il ne s'agit point de débiter sur
» la physique des opinions nou-
» velles sans preuves, mais de sui-

» vre pas-à-pas les phénomênes,
» où ils nous conduisent.

» Le bonheur de notre vie dé-
» pend de l'imperturbabilité de
» notre ame, & non de discours
» présomptueux, ou d'opinions
» prétendues neuves, qui ne por-
» tent sur rien. »

On croiroit, à en juger par ce prélude, qu'Epicure, se déclarant si hautement contre les assertions téméraires & présomptueuses, va nous donner le vrai, simple & pur, absolument séparé de tout ce qui n'est qu'opinion, ou jugement incertain. Il n'en veut qu'aux opinions exclusives, & prétend qu'on doit admettre toutes les explications qui ont quelque analogie avec ce que nous voyons sous nos yeux, & qu'on n'en rejette aucune.

« Tout ce que nous disons sur
» les Météores sera constaté suffi-
« samment

» fament, si après avoir présenté
» différentes causes, toutes d'ac-
» cord avec ce qui se passe autour
» de nous, nous ne donnons l'ex-
» clusion à aucune. Car ceux qui
» en adoptent une & rejetent les
» autres, qui ne sont pas moins
» vraisemblables, courent risque
» d'abandonner le vrai pour des
» romans ».

Voici de quelle maniere Epicure raisonnoit : Quand on a une seule explication mécanique d'un phénomêne, on n'a pas besoin d'avoir recours à l'action des Dieux pour l'expliquer ; à plus forte raison, quand on en a plusieurs. Or, nous adoptons toutes les explications mécaniques des phénomênes ; donc, il sera inutile d'avoir recours à l'action de la Divinité pour en rendre raison.

Les ennemis d'Epicure lui reprochoient d'être entierement igno-

Y

rant, & très-mauvais logicien : j'ai laissé au Lecteur à en porter son jugement dans les occasions qui se sont présentées dans la lettre à Hérodote, & qui se présenteront encore dans celle-ci. Notre unique objet est d'exposer, & de fournir des preuves de notre exposition.

II.

Définition du Monde. Seg. 11.

« Le monde est cette convexité
« du ciel qui comprend les astres,
« la terre, & tous leurs phénomê-
« nes. C'est une portion de l'infini
« terminée en elle-même par des
« extrémitez qui sont denses ou
« rares, en mouvement ou en re-
« pos, rondes ou triangulaires,
« ou de quelque autre figure : car
« aucune de ces formes ne répu-
« gne en soi, ni aux phénomênes.

» Lorsque cette convexité se bri-
» sera, tout l'intérieur se décom-
» posera, & tombera dans la con-
» fusion.

» Nous ne pouvons savoir de
» quelle nature ni de quelle forme
» sont les limites de ce monde, ni
» où elles sont; mais nous pou-
» vons savoir qu'il y a une infinité
» de mondes.

III.

*Comment ce Monde a pû se for-
mer ?* Seg. 89.

» On conçoit qu'un monde tel
» que celui-ci a pu se former, soit
» dans les intermondes (nous ap-
» pellons ainsi l'intervalle qui sé-
» pare deux ou plusieurs mondes),
» soit dans un espace entierement
» dégagé de toutes concrétions;
» (mais qui n'est pas un vuide ab-
» solu, comme l'ont dit quelques

» Philosophes), lorsque les atô-
» mes ou semences convenables
» venant d'un ou de plusieurs au-
» tres mondes, ou de quelque in-
» termonde, s'unissant peu-à-peu,
» se condensant, se transportant au
» gré du hazard, & recevant d'ail-
» leurs des accroissemens, acquie-
» rent enfin la solidité de l'organi-
» sation que comporte la nature
» des premiers fondemens de la
» masse entiere. Car ce n'est pas
» assez de parler de la rencontre
» des atômes, ni de leur circonvo-
» lution (*a*) dans l'endroit de l'es-
» pace, ou il doit se former un
» monde par les loix mécaniques,
» ni de dire que la masse s'accroît
» jusqu'à ce qu'elle en ait touché
» une autre, comme l'ont dit quel-
» ques-uns de ceux qu'on appelle
» Physiciens. Cela répugne à nos
» idées & aux phénomênes.

(*a*) δίνοι ου δίνησις

IV.

Formation des Astres. seg. 90.

« Le Soleil, la lune, & les au-
» tres astres n'ont point été formez
» à part, & ensuite reçus dans ce
» monde. Ils se sont accrus & con-
» formez, (de même que la terre,
» la mer, & ce que l'une & l'autre
» renferme), par les sécrétions &
» les circonvolutions d'une ma-
» tiere subtile, semblable à l'air,
» au feu, ou tenant de tous les
» deux. Les sens même nous don-
» nent idée de cette espéce de for-
» mation.

V.

*Grandeur du Soleil & des autres
astres.* seg. 91.

« Le soleil & les autres astres
» ne sont pas relativement à nous

» plus grands qu'ils ne le paroif-
» fent (a).

» Mais en eux-mêmes, ils peu-
» vent être un peu plus grands,
» ou un peu moins, ou précifé-
» ment la même chofe (b). On
» peut en juger par les feux que
» nous voyons à une certaine dif-
» tance de nous. Quelque diffi-
» culté qu'on faffe fur ce point,
» on les réfoudra aifément, fi on
» part toujours de ce qui fe paffe
» fous nos yeux, comme nous
» l'avons démontré amplement
» dans nos livres de phyfique. »

Epicure, qu'il foit permis de l'obferver une fois en paffant, pourroit bien être de ceux qui ne

(a). Anaximandre a penfé que le Soleil étoit un globe concave qui vomiffoit le feu par une bouche auffi grande que la terre. *Plut. Plac. II. c. 21.*

(b) *Huic* (Epicuro) *Sol bipedalis fortaffe: tantum enim effe cenfet quantus videtur, vel paulò aut majorem, aut minorem.* Cic. de Fin. I. n. 6.

montrent jamais tant de confiance que quand ils ne font point fûrs d'eux-mêmes. Ce trait d'ignorance fur la grandeur des aftres lui a été fouvent reproché par fes ennemis. On en verra d'autres, fans compter ceux qu'on a déjà vûs.

VI.

Mouvement journalier des Aftres. Seg. 92.

» Le lever & le coucher du
» foleil & des autres aftres peut
» venir d'un feu qui s'allume en
» certains endroits du ciel, & qui
» s'éteint dans d'autres, par la ren-
» contre d'une matiere propre à
» produire ces deux phénomènes
» (*a*). Nul exemple ne s'y oppofe.
» Peut-être auffi viennent-ils de
» l'élévation de ces aftres fur l'ho-

(*a*) C'étoit l'opinion des Stoïciens. Voyez | *Plut. Placit.* II. 6. 23.

» rifon, & de leur abaissement au-
» dessous, par la même raison.

» Le mouvement des astres peut
» s'expliquer par le mouvement
» général du ciel même qui les
» entraîneroit avec lui; ou par une
» progression qui leur seroit propre
» dans un ciel immobile, en suivant
» certaines loix mécaniques éta-
» blies dès l'origine, & dont l'im-
» pression aura commencé en
» orient; ou enfin, par l'action
» d'un feu qui s'avance toujours
» dans le ciel, en poursuivant son
» aliment.

VII.

Mouvement périodique du Soleil
& de la Lune. Seg. 93.

» Les retours périodiques du
» soleil & de la lune peuvent être
» causez par l'obliquité même du
» ciel, qui, avec le tems, auroit
» pris cette configuration; ou par

» la résistance de l'air ; ou parce
» que la matiere qui nourrit les
» astres seroit disposée de cette
» sorte, & les attireroit de celle
» qui seroit consumée, à celle qui
» ne le seroit point. Enfin, ils peu-
» vent venir du premier ébranle-
» ment qui a déterminé les astres
» dont il s'agit, à un mouvement
» spiral & périodique. Aucun de
» ces moyens ne répugne, si on
» les rapproche de ce qui nous est
» connu, sans s'embarasser des
» sistêmes serviles des Astrono-
» mes (*a*).

VIII.

De la Lune en particulier. seg. 95.

» Les accroissemens & les dé-
» clins de la lune peuvent se faire
» par son mouvement sur elle-mê-

___

(*a*) Epicure est tou- | fications qu'il donne
jours dur ou mépri- | à ceux qui ne sont
sant dans les quali- | pas de son avis.

» me, *en lui supposant un côté obs-*
» *cur*, ou par quelque configura-
» tion de l'air comprimé ; ou par
» l'interposition de quelque corps
» opaque, ou enfin, par quelque
» autre moyen, qui, se pratiquant
» sous nos yeux, peut nous ex-
» pliquer de pareils effets…

» La lune peut avoir sa lumiere
» par elle-même, ou l'emprunter
» du soleil : il y a des exemples de
» l'un & de l'autre. Nul phéno-
» mêne ne s'y oppose…

» Cette face qui paroît sur l'orbe
» de la lune, peut venir de la dif-
» férence des parties qui la com-
» posent ; ou d'un corps opaque
» qui la couvre ; ou de quelque
» autre cause semblable à ce que
» nous voyons ailleurs. Car il faut
» s'attacher constament à ces pre-
» miers fondemens de nos con-
» noissances, sans lesquelles il n'y
» a point de tranquillité à espérer.

Cette face apparemment avoit de quoi effrayer le petit peuple de la secte, qui n'étoit rien moins que subtil, *genus minimè malitiosum.* Comme les Dieux, selon Epicure, avoient la figure humaine, ils pouvoient craindre que sous ce masque pâle, il n'y eût quelque esprit curieux de la conduite des hommes, & capable d'agir en conséquence de ce qu'il auroit vu.

IX.

Des Eclipses. seg. 66.

« Les éclipses du soleil & de la lune peuvent arriver par l'extinction même de la lumiere de ces deux astres, ou par l'opposition de quelque autre corps tel que le ciel & la terre, &c. »

Ce n'est pas assez pour Epicure d'avoir une bonne explication ; il ramasse aussi les mauvaises, afin de faire nombre, & de peur de donner dans les explications exclusives.

» Le retour régulier des éclipses
» doit s'expliquer comme d'autres
» phénomènes qui sont sous nos
» yeux. On n'a pas besoin pour
» cela de la puissance des Dieux,
» qui doivent être sans aucune
» fonction, & jouir d'un bonheur
» complet. Si on les appelle ; toute
» la physique des corps célestes est
» inutile pour nous tranquiliser. »

Et si on ne les appelle pas, elle est inexplicable. On doit les appeller pour être premiere cause, & pour fonder les loix générales du mouvement ; ensuite on appelle l'observation & le raisonnement, c'est-à-dire, la physique, pour expliquer les causes secondes & leurs effets.

X.

Causes de la variation des jours & des nuits. Seg. 98.

« La variation successive dans la longueur des jours & des nuits peut venir de ce que le soleil va tantôt plus vîte & tantôt plus lentement, selon les lieux qu'il a à traverser, soit au-dessus, soit au-dessous de l'horison; ou parce que la route est tantôt plus longue & tantôt plus courte ; ou parce qu'elle est plus difficile en certains endroits & moins en d'autres : nous voyons ici bas des effets & des causes semblables. »

Hâtons-nous de venir au tonnere, aux éclairs, à la foudre, sur lesquels les Epicuriens ont besoin d'être rassurez.

XI.

Du Tonnere. Seg. 100.

» Les tonneres peuvent être
» causez par des vents qui se rou-
» lent & se trémoussent dans les
» cavitez des nuages, comme dans
» nos tonneaux vuides ; ou par
» l'explosion d'un feu que l'air
» anime ; ou par la rupture & la
» séparation violente des nuages ;
» ou par le choc & le froissement
» des nuages congélez : enfin,
» les phénomênes terrestres nous
» fournissent plusieurs explications
» de celui-ci.

XII.

Des Eclairs. Seg. 101.

» Il y en a aussi plusieurs pour
» l'éclair. Le frottement & le choc
» des nuages peuvent produire la

» configuration qui donne le feu,
» & par conséquent l'éclair. Les
» vents se portant à travers les nua-
» ges, peuvent pousser des bouf-
» fées de flammes. L'éclair peut
» naître par expression, d'un nuage
» comprimé, soit par un autre nua-
» ge, soit par les vents. Ce peut
» être la lumiere des astres, inter-
» ceptée d'abord par les nuages,
» & rendue ensuite par l'action des
» vents ou de ces mêmes nuages
» qui la laissent échapper. Ce peut
» être encore cette même lumiere
» criblée à travers les nuages, au
» moment que le feu agit dans les
» nuées & qu'il produit le tonnere
» par leur mouvement. Ce peut
» être l'air enflammé par l'excès
» du mouvement & par le choc
» violent des réflexions (102);
» enfin, ce peut être le brisement
» des nuées fait par les vents : les
» atômes ignez s'élançent & font
» briller l'éclair.

» L'éclair précéde le tonnere,
» parce que dans l'inftant ou le
» vent tombe fur la nuée, la con-
» figuration qui produit l'éclair fe
» fait, & que le même vent fe déve-
» lopant ne produit le tonnere que
» l'inftant d'après : ou fi l'on veut
» que les deux effets foient fimul-
» tanez, il faudra dire que l'éclair
» arrive à nous plus vîte que le
» tonnere. C'eft ainfi que l'action
» qui fe fait avec bruit, & qu'on
» voit à une certaine diftance nous
» envoie l'image avant le fon.

XIII.

De la Foudre. Seg. 103.

» La foudre peut être l'effet de
» plufieurs vents emprifonnez, qui
» fe roulent violemment, s'en-
» flamment & brifent la nuée par
» un feu qui fe précipite tantôt fur
» les montagnes, tantôt fur d'au-
» tres

» tres lieux, qui font au-deſſous.
» Ce briſement violent ſe fait à
» cauſe de la condenſation ex-
» trême des nuages environnans,
» laquelle empêche le feu de pé-
» nétrer peu-à-peu, & l'oblige à
» l'effort qui le met en liberté. Il
» peut y avoir encore d'autres cau-
» ſes : l'eſſentiel eſt de ne point
» donner dans les cauſes chiméri-
» ques. »

Ces cauſes chimériques ſeroient le bras de quelque divinité offenſée, qui ne tonneroit jamais que pour annoncer ſa colere aux mortels coupables à ſes yeux.

XIV.

Des Cometes. Seg. 111.

» Il y a des comêtes, lorſqu'un
» feu nourri dans certains lieux de
» l'air, pendant un certain tems
» s'allume : & que le ciel par une

» certaine disposition de la matiere
» environnante le soutient pendant
» un certain tems au-dessus de nos
» têtes (*a*); ou lorsque, mues par
» certaines conjonctures, elles
» s'approchent de nous, & vien-
» nent briller à nos yeux. Elles
» disparoissent par les causes con-
» traires, soit que quelque chose
» s'oppose à leur mouvement,
» comme la terre, cette partie im-
» mobile autour de laquelle le reste
» tourne ; soit qu'elles aient au-
» tour d'elles un tourbillon qui les
» empêche d'approcher de nous,
» de même que d'autres astres ;
» soit enfin le défaut de matiere,
» dont elles se repaissent, où on les
» voit, & qui les empêche d'aller
» où on ne les voit pas. Explica-
» tions qui ne sont pourtant point
» exclusives.

(*a*) Lec. de Meibom.

XV.

Des Planétes. Seg. 113.

« Parmi les astres il y en a
» qu'on appelle errans, par ce que
» leur mouvement est tel, & d'au-
» tres fixes & non errans. Il peut
» se faire que dans les commen-
» cemens ils aient été déterminez
» par des loix particulieres, les uns
» à l'uniformité dans leur mouve-
» ment; les autres à quelques va-
» riations contraires aux loix gé-
» nérales du mouvement circulai-
» re. Il peut se faire encore que
» dans les routes qu'ils parcourent,
» les lieux soient tellement dispo-
» sez en certains endroits, que les
» astres y suivent toujours le même
» ordre; & qu'ailleurs au contraire,
» il y ait des irrégularitez dans
» leurs courses. Il seroit insensé
» de s'attacher à une seule cause;

» lorsqu'on voit par les phénomè-
» nes, qu'il peut y en avoir plu-
» sieurs. C'est témérairement que
» les partisans d'une astrologie fri-
» vole cherchent des explications
» ridicules, assujétissant la Divi-
» nité à des services indignes d'elle.

XVI.

Des Préfages. Seg. 115.

» Les présages que l'on tire de
» certains animaux ne sont que des
» faits occasionnez par l'influence
» des saisons. Dira-t-on que les
» oiseaux qui changent de climats
» forcent l'hiver d'arriver? ou qu'il
» y ait quelque part des divinitez
» assises, en attendant le départ de
» ces animaux comme un avis
» pour agir en conséquence? Il
» n'est point d'animal, quelque stu-
» pide qu'il soit, en qui puisse naî-
» tre cette pensée: comment pour-

« roit-elle être dans les Dieux »?

On conviendra aisément qu'il falloit que Pythocles & les autres Epicuriens pour qui Epicure a écrit cet abregé sur les phénomènes célestes, ne fussent guères allarmez sur l'action des Dieux, si les explications qu'on vient de voir ont suffit pour leur mettre l'ame en repos. Quand toutes ces explications seroient vraies, elles ne donneroient que les causes secondes; & c'est des premieres seules qu'il s'agit.

Nos modernes rient de cette maniere de procéder. Ils n'ont pas tort. Mais ils oublient dans ce moment ce qu'ils ont éprouvé eux-mêmes, qu'une demi-preuve & quelquefois moins, suffit à quiconque désire d'être persuadé. Est-ce raisonner, dit-on, que d'attribuer au hazard les mouvemens du ciel si certains, le cours des astres si régulier, toutes choses si bien liées ensemble, si bien proportionnées & conduites par des loix si constantes & si invariables ?

Mais est-ce raisonner davantage que d'attribuer tous ces effets merveilleux à une cause nécessaire, qui connoît sans action, qui choisit sans dessein, qui se meut sans liberté, qui se modifie par nature & par nécessité ? Lequel vaut mieux du hazard, ou de la fatalité, aveugle ou non, pour donner une ordonnance réelle à l'univers, de la dignité à l'homme, du mérite à la vertu ? Dans l'un & dans l'autre sistême, le monde est-il autre chose qu'un palais sans roi, l'homme qu'un animal sans destination, la vertu qu'une opinion de mode ? Le monde physique est-il autre chose qu'une masse organisée sans deſſein ; & le monde moral qu'un ſiſtême de politique ?

On eſt étonné qu'il y ait eû un homme qui ſe ſoit perſuadé, que certains corps ſolides ſe mouvoient d'eux-mêmes par leur péſanteur naturelle, & que de leur concours fortuit, il ſe ſoit formé un monde tel que celui-ci. On a raiſon.

Mais ne doit-on pas être étonné de même qu'il y ait des gens d'eſprit, qui, avec je ne ſais quels principes métaphyſiques, dont l'unité rigoureuſe, la ſubſtance générale, la nature naturante, & la nature naturée ſont les notions élémentaires, ont cru pouvoir compoſer ce même monde, & établir par enthouſiaſme, ces idées bizarres & inintelligibles, à la place de la tradition du genre humain? On peut du moins imaginer les atômes, les concevoir jusqu'à un certain point, concevoir leur mouvement, leurs rencontres..... Mais ces autres principes, dont pourtant on veut tirer les mêmes conséquences par rapport au bonheur de la vie, joignent aux inconvéniens des atômes une incompréhensibilité absolue, sous laquelle l'esprit gémit gratuitement, sans que le cœur en ait plus de liberté.

Qu'on compare ces chimères énigmatiques avec la noble simplicité de la doctrine qui sert de frein & de consolation au vulgaire : « Nous commençons par
» croire qu'il y a un Dieu maître
» de tout, & qui gouverne tout,
» qui dispose de tous les événe-
» mens, qui ne cesse de faire du
» bien au genre humain ; dont les
» regards démêlent ce que cha-

» cun est, ce que chacun fait, tout
» ce qu'on se permet à soi-même,
» dans quel esprit & avec quels
» sentimens on professe la loi, la
» religion; & qui met de la diffé-
» rence entre l'homme pieux &
» l'impie... Peut-on nier que ces
» sentimens-là ne soient d'une
» grande utilité, & combien est
» sainte une société d'hommes per-
» suadez qu'ils ont au milieu d'eux
» & pour juge & pour témoin un
» Dieu juste, infiniment puis-
» sant ? » *Sit hoc persuasum civibus dominos esse omnium rerum ac moderatores, Deos: eaque quæ geruntur, eorum geri ditione ac numine, eosdemque optimè de genere hominum mereri; & qualis quisque sit, quid agat, quid in se admittat, quâ mente, quâ pietate colat religiones intueri: piorumque & impiorum habere rationem. Utiles esse opiniones has, quis*

neget, quámque sancta sit societas civium, inter ipsos Diis immortalibus interpositis tum judicibus, tum testibus? Cic. de Leg. II. 7.

FIN.

TABLE DES MATIERES.

A

Affections, de deux espèces, 228
 Leur usage, *ibid.*
Amitié, selon Epicure, terre qu'on seme, 238
 Ciceron mal cité à ce sujet par Bayle, 240
Amour de soi, principe de toute action humaine, 33
Ame humaine, ce que c'est, 69
 Ses élemens: 71
 A en soi un certain principe, qu'Epicure ne peut nommer, *ibid.*
 Dépend du corps, 78
 Cette dépendance ne prouve point qu'elle soit corps, *ibid.*
 Ce qu'elle devient après la mort, 326
 Où elle réside, *ibid.*
Ame parfaite, 35
Apologue de Prodicus, 131
Aristippe, admettoit la volupté sensible, 62
 Deshonnoré par ses successeurs, 23
Aristote a un art qui n'est qu'à lui, 21
Astres, comment formez, 341
Aveux d'Epicure, 116

B

Balance Epicurienne, 95
Besoins & maladies du corps, 40
Bien agréable, ibid.
   Honnête, 211
Bêtes supérieures à l'homme, 211
Bêtes plus philosophes que les Epicuriens, 212

C

Caprice aussi fort quelquefois que le besoin, 236
Causes de nos sensations, 319
Cléanthe cité, 117
Classes des Philosophes, trois, 37
   Réduites à deux, 38
Choisir l'arbre pour se pendre, (proverbe) 30
Combat de la raison Epicurienne contre la passion, 104
Cometes, 353
Configuration des atômes, 315
Connoissance de la nature divine nécessaire au bonheur, 42
Corps parfait, 35
Corps sans douleur, ame sans trouble, principe, 193
Corps simples & corps composez, 312
Crainte des défenseurs des principes innez, 254
   Fondée sur de justes raisons, 235
     Qui ne sont pourtant pas nécessaires au sistême qu'ils combattent, 256
Crainte a chassé les Dieux de l'Univers, 54
Crime des sectes qui tuent l'ame avec le corps, 137

DES MATIERES.

D

Danger de l'Epicureïsme pour la societé, 144
Définition du monde, 338
   Comment il s'est formé, 339
Démocrite remit sa mort d'un jour, & pourquoi, 297
Dogmes essentiels à la philosophie d'Epicure, & pourquoi, 229
Dieux, ce que c'est, selon Epicure, 59
   Sont incapables de tout, 59
   Dorment dans les Intermondes, 61
   Ne sont point à craindre, 331
   Ne sont que de beaux tableaux, 205
Douleur, ce que c'est, 95
   Douleur de l'esprit, ibid.
   Douleur du corps, ibid.
Droit naturel, ce que c'est, 253
   Justice de soi n'est rien, 244
   Injustice par soi n'est rien, ibid.
Droit, sans bornes, quand il a lieu, 250

E

Eclairs, 350
Eclipses, 347
Enfans de Metrodore recommandez par Epicure, pourquoi, 302 & 290
Ecrire pour les Philosophes : comment on le doit, 6
Egalité du mouvement des Atômes, 323
Epicuriens anciens & modernes comparez, 171
   Comparez avec les autres Philosophes, 139
   Leurs avantages, ibid.

Epicurien rit quand il pense aux Solons & aux Lycurgues, 29, & aux Epaminondas, 144
 Vertueux, entend mal ses intérêts, 125
 N'est point vertueux par sa philosophie, 137
 Aime la vie, 190
Epicure, comment il devient Philosophe, & à quel âge, 17
 Ne craint point ses rivaux, 18
 Avoit très-peur des Dieux & de la mort, 55
 Avoit été élevé dans la crainte des esprits, *ib.*
 Crut se rassurer par la Philosophie, 56
 Etoit d'une complexion singulierement foible, 297
 S'établit dans un jardin, 18
 Méprise les autres Philosophes, 25
 A quel âge il mourut, 297
 Meurt dans un bain d'eau chaude, 298
 Avale un verre de vin pur en mourant, *ibid.*
 Son caractere, 19
 Sa confiance, *ibid.*
 Composa 300 volumes, sans citer personne, 26
 Sa mémoire persécutée, 7
 Puis justifiée avec affectation, 8
 Veut passer pour seul architecte de son sistême, 25
 Il est aisé de l'en croire, & pourquoi, 26
 Se fie plus au hazard qu'aux Dieux, 62
 N'a point conçu ses principes, 65
 Ni pû les concevoir, 73
 Sa Philosophie n'est que l'art d'user, 116
 Est un cercle dont le centre est la volupté, 5
 Il a tout vû dans la nature, 43

DES MATIERES.

A vû peu de choses, 367
Comment il guérit des passions, 170
Son regime, bon pour ceux qui ſe portent bien, 83
Embraſſoit le bien agréable, 90
Ne peut être aidé par les lumieres des matérialiſtes, 76
Peu adroit, 91
Ses leçons, 97
Etat de bonheur parfait, 110
Etat de guerre, naturel à l'homme, 228
Etat de nature, *Etat de ſocieté*, 227
Evidence d'Epicure, traverſée de nuages épais, 172
Exemtion de douleur tient au ſentiment de plaiſir, 93

F

*F*In de la Philoſophie, 32
Formation des Mondes par les tourbillons, 328
Foudre, 352
Frugalité aiguiſe le goût, 197

G

*G*Aſſendi, ſon caractere, 10
Guide principal dans cet ouvrage, 10
Ne doit pas être compté parmi les Epicuriens, 11
Accuſe Plutarque ſans fondement, 242
Génération des Images, 320
Grandeur du Soleil & des Aſtres. 341
Gréce laſſe de croire & d'eſpérer aux promeſſes des Philoſophes, 25

TABLE

H

HAzard vaut autant que la fatalité, 358
Hégéſias, orateur de la mort, 25
Hieronymus de Rhodes ne vouloit que l'exemtion de la douleur, 93
Hobbes a rétabli la morale d'Epicure, 247
Homme eſt, ſelon Epicure, animal ſans deſtination, 358
Homme heureux, 36

I

IDée anticipée, ce que c'eſt, 225
Chryſippe & Ciceron la définiſſent, 226
Idée du bien & du mal moral peut être gravée dans les ſenſations, 257
Y eſt gravée dans les caracteres les plus lumineux, 259
Inconveniens de l'Epicuréiſme pour l'Epicurien lui-même, 146
Juſtice Epicurienne, 121
Jonſius n'a pas pris la penſée de Ciceron, 241
Jugement tantôt vrai & tantôt faux, 227

L

LEttre d'Epicure à Hermachus, 283
Traduite par Ciceron, 284
Traduite en françois, 286
Admirée par Ciceron, 287
Expliquée dans les principes d'Epicure, 299
A Herodote, 306
A Pythoclès, 333

A Mé-

DES MATIERES.

A Ménécée, 369
Loix, pour qui nécessaires, 182
    262

M

Maxime fondamentale dans la Physique des anciens, 308
Maximes d'Epicure, 203
Méthode de mourir, inventée par les Philosophes, 293
    Quand le Philosophe doit mourir, 294
Mouvement journalier des Astres, 343
Mouvement périodique, 344
Mouvement des atômes, 316
    D'où ils viennent, 317

N

Nature, raison, religion, s'accordent, 136
Nulle volupté n'est mal par elle-même, 209
Nul n'est pauvre de ce qui suffit, maxime, 218

O

Objection contre la vérité essentielle des sensations, 219
    Epicure y répond, 230
    On lui replique, 232
Objets de nos desirs, naturels & nécessaires, 235
    Naturels & non nécessaires, ibid.
    Ni naturels, ni nécessaires, 235
Occasion de cet Ouvrage, 3
Oisiveté des Dieux, 329

TABLE

Obscurité des causes, mêlée de grandes clartez, 174
Oracle de Metrodore, 263
Origine des loix, 248

P.

Partisans d'Epicure, 150
　Leurs motifs, 152
Phantômes & rêves sont vrais, 225
Philosophes ont tous eu le même but qu'Epicure, 46
　Y tendent par une voie contraire aux siennes, *ibid.*
Philosophie d'Epicure, à qui utile, 80
　Desespérante pour les gens de bien, 83
　Consolante pour les méchans, 81
Philosophie d'Epicure seulement utile contre la Divinité, 213
Philosophie vraie mene à la Religion, 176
　Bonne à tout âge, 182
Planetes, 355
Platon admirable dans ses principes, 20
　Fatiguant dans ses écrits, *ibid.*
Pluralité des Mondes, 318
Plutarque justifié contre Gassendi, 284
Pourquoi on étudie la Physique, 334
Portique, plein de prétentions outrées, 23
　Et de paradoxes difficiles à digerer, *ibid.*
Présages, 356
Principes de composition du monde, 311

Q

QUalité des atômes, 322
Question du bonheur dépend de deux autres, 41
Quatre Régles sur les notions: 227
Quatre Régles touchant les sensations, 231
Quatre Régles de morale, 100

R

REcette contre la douleur, 107
Religion, consolation & frein du vulgaire, 360
Résolution Epicurienne, 105
Ressource Epicurienne en cas de malheur, 106

S

SAcrificateur, selon Epicure, n'est qu'un rotisseur ou un boucher, 205
Sage laisse peu de choses à la fortune, 215
Sage Epicurien rentre sourdement dans ses droits usurpez, 251
Croit que l'injustice est l'adresse d'un homme d'esprit, 252
Que la justice n'est que la sotise d'une belle ame, ibid.
N'ose répondre à certaine question, 252
Donne des conseils en confidence, 253
Profite des loix, quand elles sont pour lui, ibid.
Agit en cela selon ses principes, ibid.

Fait provision de philosophie & d'opium, 304
Ne craint les Dieux, ni dans cette vie, ni dans l'autre, 265
Ne cesse jamais d'être sage, 267
Ressent les passions, ibid.
Peut même s'y livrer, ibid.
Est Heureux dans les tourmens, 268
Malgré son sistême, 269
N'est point amoureux, 270
Peut être enterré dans un jardin, 271
N'a ni femme ni enfans, 272
N'est point magistrat ni général d'armée, 272
Ou bien il a ses raisons, ibid.
Peut être cité devant les Juges, 273
A soin de son bien, ibid.
Fait de l'amitié une terre, 276
Fait cas de sa noblesse, & pourquoi, 278
Tient quelquefois peu de compte de sa vie, 282
Peut la donner pour son ami, ibid.
A des dogmes, 281
Pourquoi, ibid.
Aime mieux le repos que la gloire, 138
Calcule toujours, 195
Son bonheur suprême, 199
Sa derniere fin, 138

Séneque ami des Epicuriens, 151
Pourquoi, 160
Ne croit point l'autre vie, 165

Sens, 219
Deux opinions sur les sens, 221
Les sens toujours vrais, 222
Sont origines de toutes nos idées, 225

DES MATIERES. 371

Ciceron & Aristote citez, ibid.
Dangers de cette opinion, 260
Socrate traité injurieusement, 29
Speusippe & Polemon, peu intéressans pour Athenes, 21
Stupidité des bêtes, supérieure à la philosophie de l'Epicurien, 216
Stoiciens & Epicuriens ont mêmes raisons pour mourir, 294
Stoiciens opposez exterieurement aux Epicuriens, 158
Les chefs savoient ce qu'il falloit penser de ces debats, 160

T

*T*ableau de la morale d'Epicure, 116
Talent de l'esprit humain pour embrouiller les choses claires, 52
Tempérance Epicurienne, 122
Théognide maltraité, 191
Théodore l'athée chassé des villes policées, 23
Théorie des sentimens agréables, citée, 131
Tonnerre, 350

V

*V*ariation des jours & des nuits, 349
Verité, de deux sortes, 224
Vertu, a plus de plaisir que la volupté, 135
Vertu Epicurienne, vraie dans la spéculation, 123
Peu sûre dans la pratique, 124

A a iij

TABLE DES MATIERES.

Ne tient qu'à un fil, 108
N'est qu'un commerce usuraire de voluptez, 121

Volupté d'Epicure, ce que c'est, 87
   Personne ne le sait que les Epicuriens, 88
   Enfans & bêtes le savent aussi, 89
Volupté qui fait plaisir, 92
Volupté sans plaisir, ibid.
Univers sans bornes, 313
Utilité, seule mere, & source de toute justice, 255
Utilité de la bonne Philosophie, 59

Fin de la Table.

APPROBATION.

Nous Commissaires nommez par M. le Merre Doyen des Lecteurs du Roi, Professeurs au College Royal de France, pour l'examen d'un Manuscrit, qui a pour titre : *La Morale d'Epicure, tirée de ses propres écrits*, *par M. l'Abbé Batteux*, Professeur Royal de Philosophie grecque & latine, &c. avons jugé que cet Ouvrage, écrit avec autant d'élégance que de solidité, est digne de la réputation de son Auteur, & très-assorti au besoin de notre siécle. A Paris, ce 28. Février 1758.

DE LA BLETERIE,

DEGUIGNES.

En conséquence de ce rapport, & comme Doyen de Messieurs les Professeurs Royaux, j'ai cedé à M. l'Abbé Batteux, au nom de la Compagnie, son Privilége pour l'impression de cet Ouvrage : de laquelle cession il a été fait acte dans l'Assemblée de Messieurs les Professeurs Royaux. A Paris, le 19 Mars 1758.

LE MERRE.

PRIVILEGE DU ROI.

LOUIS, par la grace de Dieu, Roi de France & de Navarre : A nos amés & féaux Conseillers, les Gens tenant nos Cours de Parlement, Maîtres des Requêtes ordinaires de notre Hôtel, Grand-Conseil, Prévôt de Paris, Baillifs, Sénéchaux, leurs Lieutenans-Civils, & autres nos Justiciers qu'il appartiendra, SALUT. Nos amez les Lecteurs & Professeurs de notre College Royal, Nous ont fait exposer qu'ils avoient besoin de nos Lettres de Privilége pour pouvoir faire imprimer leurs Ouvrages. A CES CAUSES, & voulant favorablement traiter les Exposans, Nous leur avons permis & permettons par ces Présentes, de faire imprimer par tel Imprimeur qu'ils voudront choisir, les Leçons du College Royal, & les Ouvrages que l'Assemblée des Lecteurs & Professeurs voudra faire imprimer en son nom, en tels volumes, forme, marge, caracteres, conjointement ou séparément, & autant de fois que bon leur semblera, & de les faire vendre & débiter par tout notre Royaume, pendant le tems de quinze années consécutives, à compter du jour de la date des Présentes, sans toutefois qu'à l'occasion des Livres ci-dessus specifiés, il puisse en être imprimé d'autres qui ne soient pas desdits Exposans. Faisons défenses à tous Imprimeurs, Libraires & autres personnes de quelque qualité & condition qu'elles soient, d'en introduire d'impression étrangere dans aucun lieu de notre obéissance, comme aussi d'imprimer ou faire imprimer, vendre, faire vendre, & débiter lesdits Ouvrages en tout ou en partie, ni d'en faire aucune traduction ou extrait, sous quelque prétexte que ce puisse être, sans la permission expresse desdits Exposans, ou de ceux qui auront droit d'eux, à peine de confiscation desdits exemplaires contrefaits, de trois mille livres d'amende contre chacun des contrevenans, dont un tiers à Nous, un tiers à l'Hôtel-Dieu de Paris, & l'autre tiers ausdits Exposans ou à ceux qui auront droit d'eux, & de tous dépens, dommages & intérêts : A la charge que ces Présentes seront enrégistrées tout au long fur le Regiftre de la Communauté des Imprimeurs & Libraires de Paris, dans trois mois de la date d'icelles ; que l'impreffion defdits Ouvrages fera faite dans notre Royaume, & non ailleurs, en beau papier & beaux caracteres, conformément aux Reglemens de la Librairie, qu'avant de les expofer en vente, les manufcrits qui auront fervi de copie à l'impreffion defdits Ouvrages, feront remis ès mains de notre très-cher & féal Chevalier Chancelier de France le Sieur de Lamoignon ; & qu'il en fera enfuite remis deux exemplaires de chacun dans notre Bibliotheque publique, un dans celle de notre Château du Louvre, un dans celle de notre très-cher & féal Chevalier Chancelier de France le Sieur de Lamoignon, & un dans celle de notre trèscher & féal Chevalier Garde-des-Sceaux de France le Sieur de Machault, Commandeur de nos Ordres ; le tout à peine de nullité des Préfentes. Du contenu defquelles vous mandons & enjoignons de faire joüir lefdits Expofans ou leurs ayant-caufe, pleinement & paifiblement, fans fouffrir qu'il leur foit fait aucun trouble ou empêchement. Voulons que la copie, des Préfentes qui fera imprimée tout au long au commencement ou à la fin defdits Ouvrages, foit tenue pour dûement fignifiée, & qu'aux copies collationnées par l'un de nos amés & féaux Confeillers-Sécretaires, foi foit ajoutée comme à l'original. Commandons au premier notre Huiffier ou Sergent fur ce requis, de faire pour l'exécution d'icelles tous Actes requis & néceffaires, fans demander autre permiffion, & nonobftant Clameur de Haro, Charte Normande, & Lettres à ce contraires : CAR tel eft notre plaifir. DONNE' à Verfailles le premier jour du mois de Mai, l'an de grace mil fept-cens cinquante-quatre, & de notre Regne le trente-unieme. Par le Roi en fon Confeil.

Signé, PERRIN.

Regiftré fur le Regiftre XIII. de la Chambre Royale des Libraires & Imprimeurs de Paris, N°. 285. fol. 303. conformément au Réglement de 1723. qui fait défenfe, art. 4. à toutes perfonnes, de quelque qualité qu'elles foient, autres que les Libraires & Imprimeurs, de vendre, debiter & faire afficher aucuns Livres pour le vendre en leurs noms, soit qu'ils s'en disent les Auteurs ou autrement, & à la charge de fournir à la susdite Chambre neuf exemplaires de chacun prescrits par l'art. 108. du même Réglement. A Paris, le 16. Juin 1754.

     DIDOT, Syndic.

De l'Imprimerie de la Veuve DELATOUR, rue de la Harpe.

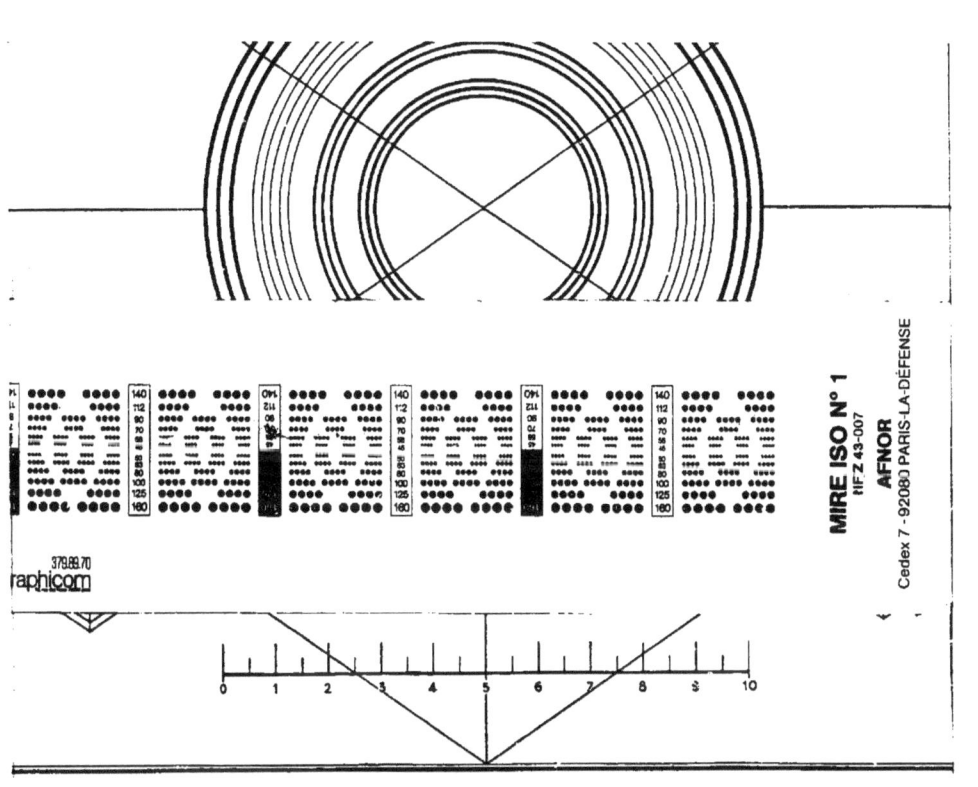

SERVICE PHOTOGRAPHIQUE

www.ingramcontent.com/pod-product-compliance
Lightning Source LLC
Chambersburg PA
CBHW070437170426
43201CB00010B/1124